Coisa de rico

Michel Alcoforado

Coisa de rico

A vida dos endinheirados brasileiros

todavia

Já disseram que é muito difícil fazer um bom filme sobre a elite brasileira porque ela é muito caricata. Eu anoto coisas que vejo ou ouço e essas são provavelmente as partes mais caricatas do livro. São situações verídicas, mas parecem diálogo de vilão de novela mexicana. Em alguns momentos tive de diminuir o tom para deixar o texto verossímil.

Clara Drummond, escritora, em entrevista
à revista *Quatro Cinco Um*

Aviso:
Os fatos são reais.
Os nomes são falsos,
com exceção dos verdadeiros.

Parte I: Nada faz sentido

1. Destino 15
2. Estranhamento 19
3. O enredo 25
4. A batalha 34
5. A diferença 39

Parte II: Em cima do muro

6. A pergunta maldita 47
7. A tentativa 57
8. Testes de reconhecimento 63
9. Ocupados 65
10. Jogo de cena 73
11. Disputas 80
12. Entre 86
13. A especialista 91
14. Estuda, garoto 93
15. O antropólogo do luxo 95

Parte III: As coisas de rico

16. Nem tudo que se vê, é **103**
17. Ilusão de ótica **112**
18. Miragem **116**
19. A negação **118**
20. Não me amarra a dinheiro, não **123**
21. Engrenagens **132**

Parte IV: A rinha

22. Medo **141**
23. Finos **151**
24. Rinha de rico **156**
25. Tempo rei **162**
26. Ponto de virada (o tempo dos emergentes) **165**
27. Desde sempre (o tempo dos tradicionais) **179**

Parte v: Ricos de verdade
28. O advogado **199**
29. O risco **202**
30. O litígio **207**
31. O veredito **212**
32. Risca no chão **217**

Epílogo **219**

Notas **221**
Referências bibliográficas **227**

I
Nada faz sentido

1.
Destino

Nenhum. Nenhum economista, desses de barba rala, calça bege e camisa azul, desatinado a usar termos técnicos, seria capaz de descrever a euforia vivida pela sociedade brasileira daquele tempo. Nenhum historiador, com bonezinho de movimento social, enfurnado nos arquivos da Biblioteca Nacional, conseguiria explicar o desespero dos brasileiros por quinquilharias de luxo nos outlets americanos. Nenhum sociólogo agarrado a gráficos, tabelas e teorias sobre a dominação de classe teria estofo para compreender o apego dos compatriotas pelas coisas de rico.

Certos fatos só são críveis a olho nu. Eu vi de perto.

Em janeiro de 2010, eu vivia uma rotina insossa em Vancouver, na Costa Oeste do Canadá. Meus dias se resumiam a tediosas horas na biblioteca da Universidade da Colúmbia Britânica mergulhado nos livros, ou enfurnado em uma escala de três empregos capaz de engolir meu lazer, meu sono e minha verve em troca de um punhado de dólares.

De segunda a sexta-feira, às 5h30 da manhã, era possível encontrar Michel, o atendente, de frente a uma caixa registradora em um café na estação de trem, atento às centenas de pedidos de clientes com pressa. De quinta a sábado, às 12h30, assumia o vendedor, numa floricultura de bairro. Com o cair da noite, mais uma mudança de papel. Armado de luvas de borracha amarela que iam até os cotovelos, óculos de proteção e um avental, eu encarava pratos, panelas e botijas imundas ao gosto de um chef mexicano.

Exausto, aproveitei o recesso da universidade, pedi férias aos patrões, juntei minhas economias e embarquei em um voo rumo ao sul para viver o sonho americano nem que fosse por uns dias.

Dei a sorte (ou o azar) de pousar no aeroporto de Miami no mesmo momento que um voo vindo do Brasil, lotado de alguns dos tipos mais esperados na cidade. A moça grávida, acompanhada da futura vovó, agarrada às revistinhas com cupons de desconto para as lojas do Aventura Mall. A família feliz em sua primeira excursão internacional para a Disney. O casal apaixonado, ansioso pela rotina de compras nos outlets da cidade. Enfim, muita gente doida para se jogar nos shoppings, restaurantes, hotéis temáticos e nas lojas com preços impossíveis de serem superados por qualquer lojinha brasileira.

A pressa era tanta que os turistas nem perdiam tempo lendo os pormenores do questionário da Imigração. Seguiam a recomendação dos blogueiros de viagem e ticavam a caixinha de respostas como se fossem experts.

"Não" para drogas.
"Não" para contato com terroristas.
"Não" para a intenção de ficar ilegalmente no país.
"Não." Não.

Enquanto os visitantes avançavam até um dos pontos de checagem da Imigração, dois brutamontes gozavam, perversamente, do medo que sentiam milhares de passageiros ao chegar a seus guichês. Cabia a eles a tarefa de comparar se o dito combinava com o visto.

As avaliações seguiam seu ritmo sem interrupções, até a chegada de um casal de brasileiros. Logo à minha frente estavam Claudette e Mário Jorge.

— Ok, senhores. Vão para onde? — perguntaram os homens.
— Hã?
— Para onde os senhores vão? — questionaram, pausadamente, como se a falta de domínio da língua pudesse ser resolvida com o ritmo de fala.
— Miami — responderam.
— Hotel?
— Sim! Faena Hotel, Miami Beach — respondeu o marido.
— Hotel cinco estrelas. De frente para a praia. Aquele do dinossauro de ouro do artista — completou a mulher se referindo a uma obra do artista inglês Damien Hirst.
— Por quantos dias, senhores?
— Quinze dias.
— Conhecem alguém aqui? Têm amigos ou parentes?
— *Two weeks* — Claudette se esforçou em mostrar o vocabulário recém-aprendido nas aulas de inglês.
— E as malas, senhores? E as malas? — emendou o policial.
— Não, não trouxemos malas.
— Nenhuma mala?
— Senhor, vamos comprar tudo por aqui.
— Vocês vão ficar aqui duas semanas sem malas? Me acompanhem, por favor.

Escoltado por policiais, o casal foi levado para a salinha de averiguações e desapareceu. A mulher seguiu, indignada, a pedir maiores explicações.

— Nada mais faz sentido, Mário Jorge — ela reclamou depois. — *There is no sense* — ela mesma se traduziu.

Como era possível que, no país do consumo, pessoas fossem penalizadas pela disposição de torrar milhares de dólares das próprias economias? Qual era a dificuldade dos guardas em entender o impulso do casal de invadir outlets em busca de pechinchas? Afinal, estavam ou não no país onde o dinheiro é capaz de comprar sonhos? Era falsa a cantilena vendida pelos filmes de Hollywood? Aquela era ou não era a América?

— *Is this America or not, sir? This is America?*

Não. Era um cadinho de Brasil.

2.
Estranhamento

Por um cuidado do acaso, reencontrei Claudette e Mário Jorge na fila da locadora de carros. Os gritos revelavam a tensão dos brasileiros depois de terem sido detidos e liberados pelos oficiais da Imigração.

Tensa, Claudette mascava chiclete e batia os saltos no chão na tentativa de dissipar o desconforto. Ela equilibrava o corpo dentro de uma calça jeans justa e de uma blusa preta com um imenso logo da Calvin Klein, que, vez por outra, desaparecia sob a enorme bolsa Prada sustentada por um antebraço malhado, conquistado em horas de academia. O altíssimo sapato Louboutin não a impediu de chegar mais perto.

À busca de que alguém a escutasse, que se interessasse pelo drama vivido, danou a falar. Novamente, tive a sorte (ou o azar) de ser a pessoa mais próxima e com alguma disposição de ouvi-la:

— Que inferno! E eu lá tenho culpa de ter dinheiro pra comprar? Quero comprar tudo. Vim sem nada, vim pra gastar. Qual é o crime? Me diga... Qual foi o crime?

Detidos pela Imigração, o casal tinha sido levado para um cubículo um pouco maior do que *um quarto de empregada desses apartamentinhos de classe média*, como ela fez questão de repetir. A sala de paredes brancas era iluminada por uma luz fria como a de um necrotério, e lá os policiais fizeram as vezes de carniceiros funerários.

Vestidos com luvas, máscaras e caras de mau, os agentes apalparam o casal e seus pertences em busca de um sentido que livrasse a todos do absurdo. *Como alguém deixa a própria casa, viaja milhares de quilômetros e aterrissa num país estrangeiro sem nem uma escova de dentes?*, encasquetados, deviam pensar os gringos.

— Pra comprar! — ela dizia.

— Pra comprar! — Mário Jorge repetia.

O brutamonte 01, baixinho e de jeito bonachão, encarnava o papel de *good cop*. Ao perceber as dificuldades dos brasileiros com a língua, de forma simples e espaçada ele se esforçou para dizer que também era apaixonado por compras, e até indicou suas lojas preferidas na cidade. O brutamonte 02, sério, sem disposição para papo, seguiu comprometido com a missão de futucar cada cantinho da bolsa de luxo de Claudette e da mochila de Mário Jorge.

Nos momentos em que o silêncio se impôs, sentiu-se a densidade do ar, o abrir e fechar dos zíperes e a respiração tensa da mulher, que batia o salto sincopado sobre o chão. A trilha sonora da tensão.

A melodia não foi suficiente para deter a gana do oficial por conquistar territórios como se tivesse encarnado o imperialismo americano. Num surto, o brutamonte 02 ameaçou cortar a Prada de Claudette com um estilete, a fim de verificar se havia algo nos travesseirinhos de nylon do modelo.

— *Stop!* Na minha bolsa não. Pode parar com a gracinha.

Para evitar o caos, sob os conselhos do 01, o agente passou para a mochila de Mário Jorge. Checou os compartimentos internos, apalpou as paredes e foi até o fundo em busca de algum segredo revelador da viagem sem bagagens.

Com as mãos dentro da mochila e os olhos no casal, logo se percebeu que o policial tinha encontrado algo. Ele fitou o colega e deu um risinho de confirmação, como fazem os tiras dos filmes de suspense americanos. Em seguida, subiu a mão até a boca da mochila, mas, para surpresa de todos, o elemento secreto era só uma carteira preta, deformada por dezenas de notas de cem dólares e vários cartões de crédito, com couro chancelado pela alemã Montblanc.

Impressionado com a quantidade de dinheiro em espécie, o policial decidiu contar as cédulas, certo de que o limite de 10 mil dólares permitido pela lei fora ultrapassado: 100, 200, 300, 400, 500, 600, 700, 800, 900, 1000, terminou e montou o primeiro montinho. Ao final, eram nove e meio sobre a mesa. Foi por pouco.

— E por que todo esse dinheiro? — perguntou o policial.

— Pra comprar! — ela dizia.

— É crime? — Mário Jorge tentava explicar, já mais calmo.

O brutamonte 01 deixou o bolo de notas de lado e partiu para os cartões. De incrédulos, os agentes foram ao espanto. À medida que pegavam os retângulos de plástico, as dúvidas aumentavam.

Abriram-se as portas da imaginação. Com uma planilha dentro da cabeça, os policiais devem ter feito as contas. *Como esses latinos têm uma carteira com seis cartões de crédito black, sem limite, como as estrelas de Hollywood? Se eles têm seis cartões, quantos mil dólares devem fazer por ano? O que eles fazem da vida para ter tantos cartões? Se fosse alguma atividade ilegal, não teriam como comprovar a renda para ter direito a tanto crédito.*

A crise na cabeça do brutamonte 02 só serenou quando ele se deu conta de que nenhuma resposta fácil, lógica e fidedigna sairia daquela salinha. Uma decisão precisava ser tomada. Ou encarceravam o casal até que todas as respostas fossem dadas e bancavam o risco de estarem se metendo com alguém importante, ou liberavam os dois, sem saber estar fazendo a coisa certa.

— Senhor, qual é a sua profissão?

— Sou empresário.
— De sucesso?
— O que você acha?
— Ok. Chega. Chega. — O agente deu fim ao espetáculo.

A mesma luva cirúrgica que tinha aberto as bagagens, as fechou. Não sem antes guardar a gorda carteira de couro de volta na mochila. Foram liberados.

Abalada, Claudette ia desfiando os detalhes dos últimos acontecimentos enquanto Mário Jorge, afastado, falava com os atendentes da locadora, preocupado em conseguir as chaves do carro.

Foi quando, de longe, eu e ela vimos seu marido ser tomado por mais um surto de fúria. Mesmo sem ouvir o que ele falava, o rubor no rosto, o gesticular desordenado e a montanha de papéis a voar pelos ares deixaram clara a metamorfose. Em poucos segundos, ele fora de fada a monstro.

Para acalmar os ânimos, Claudette tomou a dianteira. Saiu de perto de mim e caminhou até o guichê. Mas, apesar das boas intenções, também foi tomada pelo descontrole contra os empregados da locadora. A causa foi mais uma quebra de expectativa.

Ainda no Brasil, Mário Jorge tinha reservado um Porsche vermelho para realizar seu desejo de menino. Agora, com 45 anos e empresário, um relógio gigante no pulso, uma camisa da Ralph Lauren com um imponente cavalo no peito, e a carteira deformada por tanto dinheiro, estava preparado para fazer acontecer. Só faltou combinar com os donos da empresa.

Os funcionários se esforçavam para explicar que não havia Porsches disponíveis no momento e que ele teria de aceitar um similar da mesma categoria, como garantia o contrato. Não adiantou.

Mário Jorge resolveu apelar:

— Paguei setecentos dólares por dia! O senhor sabe quanto é isso?

— *Sí, señor. Por supuesto.*

— Deve ser muito mais dinheiro do que vocês, incompetentes, fazem por mês nessa espelunca.

Decidi me valer do arremedo de intimidade recém-conquistado para mediar o embate e ajudar na resolução do problema antes que algo pior acontecesse. Entre o desespero dos funcionários e o ódio dos viajantes, assumi as vezes de negociador em busca de um bom ponto para ambas as partes. Lembrei que, do mesmo jeito que os Porsches eram frequentes nos filmes de playboys, as Hummers, camionetas com rodas gigantescas e motor potente o suficiente para derrubar um elefante, também deviam fazer parte da infância de Mário Jorge.

Arrisquei. Propus a Lito e Raul, funcionários da empresa, um "upgrade para os clientes black, uma vez que o casal não era qualquer um, estava sendo lesado e merecia ser ressarcido pelo furo da locadora", repetindo parte do discurso dos brasileiros.

Mário Jorge se convenceu. Os ânimos se acalmaram. Agradecido pela minha intermediação, trocamos telefones com a promessa de manter contato, mesmo sabendo que as chances de um novo encontro eram ínfimas.

— Anote meu número — ele gritou de dentro do carro, com os vidros abertos.

— Vamos te procurar. Queremos te encontrar — Claudette reforçou.

Fingi acreditar.

Eu, Raul e Lito respiramos aliviados pelo final satisfatório. Tomados por uma sinceridade pós-traumática, daquelas que fazem abandonar qualquer protocolo, José, gerente da locadora, confessou:

— Eu já falei pro chefe: não dá mais. Todo dia é a mesma coisa. É só chegar brasileiro aqui e começa a confusão.

— É o quê? — perguntei na tentativa de defender meus compatriotas.

— Brasileiros? Brasileiros? Eles são ricos de verdade, ricos de verdade. Só querem do bom e do melhor.

— Rico de verdade?

— Sim. Mostram bolo de dinheiro, querem os melhores carros e acham que podem tudo. Brasileiro rico é assim, rico de verdade. O senhor não é rico, é?

— Não — respondi.

— Logo se vê. Tá na cara!

"Tá na cara ou no bolso?", me perguntei, o papelzinho com o telefone do casal entre os dedos.

3.
O enredo

Talvez tenha sido eu quem saiu mais perplexo da confusão no aeroporto. Tanto Claudette e Mário Jorge quanto os funcionários da locadora e os policiais devem ter seguido suas vidas. Eu não.

Enfrentei os mais de 120 quilômetros até Palm Beach, paraíso dos magnatas americanos, por uma estrada vazia, lisa e sem tédio. Os fantasmas e as teorias me atormentavam. Segui confuso entre o que vi e o que os funcionários diziam ter visto. Quem estava certo?

A única certeza era de que havia, entre o Brasil e os Estados Unidos, bem mais do que um fosso geográfico, econômico e social. O dilema era cultural. E eu, por causa das minhas limitações, não conseguia compreendê-lo por completo. Muito por conta das minhas origens.

Sou filho de uma família típica das camadas médias urbanas do Rio de Janeiro. Meus pais têm curso universitário, trabalharam por mais de quarenta anos em uma estatal, gozaram das benesses de bons salários e de certa estabilidade financeira. Estudei em escolas particulares de elite, fazia atividades extracurriculares, usava transporte escolar, tinha plano de saúde e casa de veraneio para os finais de semana. Nas férias, sempre que possível, viajávamos a algum paraíso idílico para descansar. Mas, naquele momento, em 2010, eu já era um pesquisador.

Dias antes de partir para o Canadá, defendi minha dissertação de mestrado em antropologia social na Universidade de Brasília, na qual fiz uma longa pesquisa com os senadores da República. Mesmo longe do vínculo com uma instituição de ensino brasileira, eu seguia sendo antropólogo e continuava disposto a olhar para o mundo à caça de porquês, aberto a novos estranhamentos que me fizessem pensar sobre o impacto da cultura nos modos de pensar e viver.

Para mim, Mário Jorge e Claudette não passavam de um casal do Rio de Janeiro metido a besta, daqueles que se apoiam nos cartões de crédito para sair do país, têm um apartamento bacana financiado e um carro legal. No entanto, para Lito e Raul, os clientes brasileiros eram gente de muita grana, os tais "ricos de verdade". Mas, depois de muita reflexão, até não me custaria aceitar que os dois faziam parte de uma "baixa alta classe média", nos termos do filósofo Rodrigo Nunes, um pensador das transformações da sociedade brasileira. Uma gente que, apesar de desfrutar de benesses de consumo similares às das elites econômicas internacionais e de frequentar contextos reservados aos ricos, sustenta tal estilo de vida à base de cartão de crédito. Eles se bancam, com maior ou menor facilidade, de acordo com o movimento das marés. Se o cenário macroeconômico vai bem ou os políticos não atrapalham, podem aproveitar bens e serviços de luxo. Mas, ao sinal da menor turbulência, perdem poder de consumo e, ressentidos, reclamam e culpam a todos pelo fracasso momentâneo.

Do aeroporto de Miami, os ventos pareciam soprar prosperidade ao sul da linha do Equador. Os jornais faziam as vezes de biruta e apontavam que o Brasil caminhava para cumprir, no presente, a promessa de ser o país do futuro.

Quem captou bem o movimento foi a revista *The Economist*. Numa edição de novembro de 2009, os editores decidiram estampar o Cristo Redentor abrindo voo do morro do

Corcovado rodeado por uma fumaça densa, similar à deixada pelos foguetes nas estações espaciais. Embaixo, lia-se a manchete: "o Brasil decola".

A implementação de um modelo econômico mais aberto do ponto de vista comercial e financeiro, a redução das barreiras alfandegárias, a entrada de um grande volume de capital estrangeiro e a drástica redução dos índices inflacionários fizeram a economia brasileira experimentar um crescimento aparentemente sustentável. A imagem da revista era fruto dos marcos socioeconômicos positivos, mas, sobretudo, da expressiva inclusão de milhões de brasileiros no mercado de consumo.

Se as medidas foram capazes de transformar a vida dos mais pobres, não é exagero afirmar que, no andar de cima, o impacto foi ainda maior. Como mostrou o sociólogo Pedro H. G. Ferreira de Souza, por aqui, não importa se em períodos democráticos ou ditatoriais, do cruzeiro novo ao real, em governos da esquerda ou da direita, a fatia da riqueza nacional do 1% mais rico não arrefece. Em *Uma história de desigualdade: A concentração de renda entre os ricos no Brasil (1926-2013)*, livro ganhador do prêmio Jabuti de 2019, o autor mostra que, entre 1926 e 2013, a desigualdade de renda se manteve em patamares tão altos que até mesmo os menos sensíveis ao tema se chocariam com os números.

Em São Paulo, cidade mais rica do país, em 2000, o 1% dos mais endinheirados embolsava treze reais a cada cem reais ganhos na cidade. Dez anos depois, o salto foi impressionante. Entre salários, aluguéis e investimentos, a elite econômica detinha vinte reais de cada cem reais ganhos. O aumento da renda proporcionou um alargamento do topo da pirâmide: em 2003, 23 milhões de pessoas compunham as classes A e B no Brasil, o que representava 13% da população. Dez anos depois, elas eram 37,5 milhões.[1]

Em 2012, o Brasil produziu 54 novos milionários por dia, um a cada 27 minutos. Acreditava-se, antes da recessão econômica de 2014, que até 2017 seríamos a nação com o maior número de contas bancárias com mais de 1 milhão de dólares de investimento entre os BRICS — grupo de emergentes então composto de Brasil, Rússia, China, Índia e África do Sul. Ao final da década, teríamos quase 700 mil ricaços (eram 508 mil na Rússia, 411 mil na Índia e 409 mil na China) e redefiniríamos a proporção desse grupo em relação ao restante da população: a cada mil brasileiros, três passariam seus dias a nadar em montanhas de dinheiro como o Tio Patinhas.[2] Os super-ricos, indivíduos com fortunas avaliadas acima de 50 milhões de reais, eram quase 100 mil transitando pelo país sem se preocupar com os boletos, com o preço da gasolina, com o aumento da passagem de ônibus e com outras mixarias.

Mal reparamos no barulho estrondoso das turbinas dos aviões particulares, dos motores dos carros, das reformas nas mansões e do sacolejar das joias nos bairros chiques das grandes capitais. O som ao redor que interessava à nação era o da classe C. Não o dos ricaços a se esgoelar: *Vejam o que eu conquistei! Eu conquistei.*

Diferentemente do padrão americano, os emergentes brasileiros não organizam sua vida apoiados na narrativa mítica do self-made man. Nos Estados Unidos, quando falam de si, os empresários fazem questão de enfatizar a batalha, a guerra sobre-humana contra toda ordem de problemas (falta de dinheiro, de amigos, bagagem cultural etc.) para construir um império. Construir é um verbo importante no imaginário dos milionários por lá. Sozinho, ele tem a força de mostrar uma conduta organizada, puritana, racional, para produzir e erguer um enorme patrimônio com o pouco que tem. Muito diferente dos ricos brasileiros, que não constroem, mas conquistam.

Conquistar é adquirir algo que já existe. Uma conquista é uma façanha que precisa ser ostentada como símbolo de dominação e poder. Os conquistadores são indivíduos que, por meio do seu esforço ou da sua sabedoria, se apropriaram de algo de outrem e então gozam disso, enquanto ostentam as benesses da posse.

A grande batalha das elites brasileiras não é pela construção de um império, é pela conquista das coisas de rico. Eles partem da certeza de que as riquezas e os privilégios estão à disposição de todos. Mas só os conquistadores têm coragem e habilidades suficientes para *chegar lá* antes dos demais. Esse é o tema central de sua vida.

Como eu soube tempos depois, Mário Jorge e Claudette conquistaram um lugar ao sol a duras penas. Eles se conheceram no final da adolescência, quando trabalhavam na padaria do tio dela no subúrbio do Rio de Janeiro. Ela enfrentava os dias entre. Entre a escola, os serviços domésticos e o caixa do negócio do tio. Ele começava a jornada de frente. De frente a dúzias de ovos, queijos-quentes e montanhas de fatias de presunto como chapeiro. À noite, novamente de frente a uma pilha de livros na faculdade de contabilidade, certo de que os estudos os tirariam da pindaíba.

No meio da graduação, Mário Jorge conseguiu uma vaga de representante comercial em uma indústria farmacêutica. De segunda a sexta, pegava uma mala cheia de amostras grátis e seguia em romaria pelos consultórios médicos da Zona Sul, apresentando fórmulas mágicas e prometendo milagres.

O emprego conquistado deu ao casal mais do que dinheiro. Foi um passaporte para o trabalho formal com benefícios — plano de saúde, vale-refeição, décimo terceiro, férias remuneradas — e segurança suficiente para comprar um pequeno apartamento financiado a perder de vista. Certos de um futuro melhor, decidiram ter uma filha: Giuliana Gabrielle, a Gegê.

Mário Jorge atribuía suas conquistas ao próprio esforço. Esquecia-se da forcinha dada pelo destino. O crescimento do trabalho formal junto à entrada de 50,5 milhões de brasileiros nos hospitais privados, por conta da expansão da oferta de planos de saúde, produziu um batalhão de novos pacientes dispostos a tomar todos os tipos de bolinhas prescritos nos receituários.

As farmacêuticas investiram no lançamento de milhares de produtos que precisavam ser devidamente explicados, detalhados e vendidos pelos representantes comerciais. O marido de Claudette, faminto por uma oportunidade, se valeu do cenário aquecido e, em poucos anos, tornou-se empresário.

Convicto de sua capacidade, ele pediu demissão. Abriu uma empresa de formação e acompanhamento de novos representantes comerciais, além de uma pequena agência de publicidade para promover eventos corporativos para médicos e outros profissionais da saúde. A sensibilidade para vender e a experiência no setor lhe renderam um crescimento meteórico nos negócios e na conta bancária.

Em pouco tempo, a família se mudou de um apartamento pequeno na Zona Oeste para um duplex de frente para o mar na Barra da Tijuca. Trocaram o Toyota Corolla por dois importados. Claudette, com tempo e dinheiro, se esbaldou nas promessas do mercado do luxo. Danou a comprar bolsas, potes e potes de cosméticos, relógios de grife e roupas. Não fez esse movimento sozinha, mas acompanhada de um exército de consumidores com disposição para torrar bilhões nas lojas de alto padrão.

De 2007, quando Mário Jorge abriu a própria empresa, até 2012, quando conseguiu ter dinheiro suficiente para comprar a parte do sócio e dominar o mercado com ainda mais desenvoltura, o varejo de luxo saiu de um faturamento anual de 9,9 bilhões para 28,2 bilhões de reais no Brasil.[3] O crescimento foi tanto que grandes marcas internacionais encontravam sérias dificuldades para conseguir um cantinho em São Paulo, no Rio de Janeiro e em Brasília.

Se Claudette não estivesse em um shopping no Rio ou em São Paulo, era só procurá-la na unidade mais próxima da Bodytech. A rede de academias foi criada para atender uma elite disposta a acreditar que a boa forma só era possível com a melhor maquinaria do mercado, práticas esportivas exclusivas e professores tão bonitos que não se sabia se eram modelos, atletas ou artistas.[4] E se Claudette não estivesse na academia, era só conferir com as companhias aéreas. Sem dúvida, ela, Gegê e Mário Jorge estariam viajando por algum canto do mundo.

O aumento do poder de compra dos brasileiros, aliado ao sonho dos produtos importados, levou hordas de consumidores aos principais centros comerciais de Miami, Nova York e da Europa. Com bolos de dinheiro amarrados em envelopes de casas de câmbio e devidamente acomodados em doleiras, eles tomavam os outlets com uma fome avassaladora, capazes de preocupar qualquer economista.

Os executivos do Banco Central se surpreenderam com a montanha de reais, travestidos em notas de dólar, a fugir do país. Em 2014, os gastos dos brasileiros no exterior bateram recorde: 25,6 bilhões de dólares voaram em direção à economia americana e europeia.[5] Como um tsunami, invadimos as praias da Flórida e ultrapassamos britânicos, alemães e franceses no volume de gastos por aquelas bandas.

O choque, meu e dos americanos, era fruto de uma profunda ignorância. O comportamento estapafúrdio de Mário Jorge e Claudette não era por falta de caráter ou desvio de personalidade. Muito menos culpa do acaso. Estávamos diante de um fenômeno social. Um movimento compartilhado por boa parte de uma nação desesperada por levantar muros, estabelecer fronteiras e marcar posição a partir de objetos de consumo. Algo acontecia abaixo da linha do Equador.

O choque despertou meu interesse em responder à pergunta fundamental: o que faz um rico, rico no Brasil?

Já em Palm Beach, saí à procura de outros pensadores da riqueza para compreender como ela se definia ao redor do mundo. Passei por revistas acadêmicas, livros, artigos e notícias à procura de informações que me ajudassem a desvendar, pelo menos em parte, o Brasil dos milionários, o qual, do Canadá — ou da Flórida —, era impossível ver. O resultado foi desanimador.

Com exceção de poucos esforços recentes, quanto mais eu caminhava na busca, mais me dava conta do silêncio das ciências sociais sobre o assunto. Ao compararmos a produção antropológica sobre pobres e ricos, em diversas temáticas de estudo, é clara a disparidade. Sempre estivemos mais interessados em jogar luz sobre os modos de vida dos marginalizados, a fim de incluir os excluídos na agenda nacional.

Michel Pinçon e Monique Pinçon-Charlot, referências no estudo das elites europeias, creditam a escassez de produção intelectual sobre os ricos a um problema de ordem moral. Como nosso papel é desvendar o ponto de vista nativo, quando pesquisamos as elites, corremos o risco de confundir reflexão com chancela, pensamento intelectual com justificativa ou entendimento com defesa.

Adianto que os leitores não verão aqui um relato deslumbrado de vidas sustentadas por gordas contas bancárias e cartões de crédito sem limites. Muito menos uma denúncia das extravagâncias dos milionários ou fofocas sobre as maravilhas proporcionadas pelo dinheiro. Meu objetivo é compreender os códigos, a visão de mundo e os sentidos que aqueles que habitam o topo da pirâmide de renda dão à própria vida. Com isso, busco captar melhor o funcionamento da sociedade brasileira. Ao fim e ao cabo, é também olhando para os "de cima",[6] desvendando suas estratégias de dominação e opressão, que poderemos entender como e por que, apesar dos esforços individuais e das políticas públicas, os "de baixo" seguem onde estão.

Sigo esse caminho junto da antropóloga americana Laura Nader. No começo dos anos 1970, em "Up the Anthropologist: Perspectives Gained from Studying Up", ela enfatizou que as pesquisas sobre as elites são fundamentais, pois só estudando os "de baixo" *e* os "de cima" conseguiríamos produzir teorias capazes de dar conta da complexidade do jogo social.

Se o cotidiano é uma invenção coletiva na qual as elites têm mais poder, revelar o que elas fazem e como agem para se manter no topo é importante para mostrar os mecanismos que regem a disputa. Só revelando o que tem sido segredo é que será possível abrir um novo campo e novas formas de ação.

Assim, depois de horas procurando respostas dentro do meu próprio mundo, preso às minhas ideias sobre a vida dos milionários, sem sucesso, abri a carteira e tirei o papel com o telefone de Mário Jorge.

Sentado numa poltrona em um canto do quarto do hotel, fiquei olhando a sequência de números. Entre a inércia e a vontade de agir, pensei, "E se eu ligasse?".

4.
A batalha

Não deu tempo.

Dois dias depois do nosso primeiro encontro, fui convidado por Mário Jorge e Claudette para um almoço no Meat Market, um restaurante especializado em carnes nobres hospedado em uma casa com traços coloniais em uma típica avenida de Palm Beach. Enormes arcos, cobertos com friso branco, eram sustentados por pilastras de um prédio ao estilo art déco. Nas ruas, de ponta a ponta, mansões pintadas de amarelo-claro ou salmão contrastavam com carros de cores gritantes estacionados pelas ruas.

Para quem vinha de um inverno de temperaturas negativas, os 23°C que marcavam os termômetros do Sul dos Estados Unidos eram um calor de matar. Sem titubear, escolhi uma mesa no enorme salão refrigerado, onde tocava uma playlist de clássicos do jazz.

Heaven, I'm in heaven.
And my heart beats so that I can hardly speak
And I seem to find the happiness I seek
When we're out together, dancing cheek to cheek

Sobre minha cabeça, lustres de cristais com iluminação amarelada davam um clima aconchegante ao ambiente embalsamado pela voz de Ella Fitzgerald. As cadeiras estofadas, de encosto alto e ovalado, ornavam com a toalha branca das mesas. O cenário servia aos garçons, maîtres e sommeliers treinados para atender à clientela grã-fina, em sua maioria aposentados dispostos a pagar uma fortuna por um pedaço de carne e prontos para gozar dos prazeres do dinheiro economizado por uma vida toda.

O casal deu as caras com 25 minutos de atraso. Assim que me viram, ainda de longe, Mário Jorge e Claudette se apressaram em endireitar aquela que descobri ter sido minha primeira escolha errada da tarde. Pediram à recepcionista uma mesa na área externa, bem perto da fronteira com a rua, para que pudessem ver o movimento. A mim, nada perguntaram. Só me dei conta da mudança quando um time de garçons sequestrou minha taça de vinho, minha mochila e a chave do meu carro. Segui a trupe até a varanda. Lá, o clima era outro.

Famílias venezuelanas, mexicanas e argentinas disputavam o espaço com crianças endiabradas e babás vestidas de branco que tentavam dar ordem ao caos. Os homens usavam bermuda, camisa polo, óculos de marcas famosas e queimavam charutos imensos, baforando fumaça fedorenta para avisar a quem passasse pela rua que ali tinha gente bem-sucedida. Sentadas no canto oposto ao dos maridos, em grupo, as mulheres se divertiam enquanto contavam detalhes da rotina em família. Pelo estilo, podiam ser parentes do casal brasileiro.

Claudette estava à vontade, livre, sem máscaras.

— Michel, aqui é igualzinho à Barra. É assim mesmo lá. Tô adorando, e você?

Não consegui responder. Capturado pelo mar de estímulos, embarquei em uma viagem em busca dos porquês de cada passo. Caí do giro com o pito de Claudette:

— Onde já se viu? Saiu de casa pra vir pro estrangeiro se esconder? Não tem restaurante com varanda lá onde você mora, não? Michel, a graça daqui é sentar na varanda pra ver o movimento, os carrões, essa gente bonita daqui, essas mansões, esse céu, a novidade. Eu, hein... olha que coisa maravilhosa! Não tá sabendo lidar com as maravilhas da América? Finja costume!

E seguiu repetindo:

— Finja costume! Finja costume!

A fala de Claudette me ancorou novamente no restaurante. Como um barco que tem um peso ligado ao fundo, mas balançando de acordo com o movimento das ondas, pouco a pouco voltei meus sentidos para a cena.

Preso às minhas elucubrações, mas com olhos atentos à realidade, comecei a perceber que o chamamento (Finja costume!) era mais do que um pedido ou uma ordem. Era uma categoria nativa. Isto é, uma expressão com força para revelar muito mais do que o significado original das palavras e com potência de marcar diferenças, expressar sinais e revelar os parâmetros de classificação em jogo.

Finja costume! é uma ode à diferença e à exclusão, tema central à dinâmica social brasileira. É uma artimanha para demarcar e informar a um grupo que ali, entre eles, alguém não partilha dos mesmos símbolos, valores e das mesmas condições financeiras. E mais: é uma forma de avisar aos "de fora" que, apesar da aparente igualdade, eles não estão entre iguais — como concluí nas mais de oitenta entrevistas com milionários que fiz para esta pesquisa. *Finja costume!* é mais do que um conselho ou uma advertência sobre o bom comportamento, é um iluminador das diferenças.

A preocupação por içar muros, delimitar fronteiras e criar marcos de diferenciação não é uma peculiaridade daquele casal. É um movimento presente em qualquer sociedade.

Michèle Lamont e Marcel Fournier, sociólogos franceses com anos de estudo sobre o tema, nos lembram de que, "em qualquer grupo ou sociedade, sempre houve, e sempre vai haver, fronteiras e diferenças". Do Oiapoque ao Chuí, de Xangai a Nova York, onde há gente vivendo junta, há a procura pela construção de bordas, limites e signos de distinção. A vida social é marcada por batalhas e disputas pela definição de quem é quem e do que vale a pena ser valorizado ou estigmatizado.

Naquela tarde passada no Meat Market, vi de perto a operação de uma das distinções mais importantes ao mundo capitalista: a dos limites de classe. É vasta a bibliografia produzida nas ciências humanas sobre o assunto. De Karl Marx a Max Weber, só para lembrarmos dois autores clássicos, é consenso que o ter (as condições materiais) é fundamental quanto ao pertencimento a uma determinada classe social, mas não é suficiente para que alguém se veja e seja reconhecido como parte dela.

É na gestão das fronteiras e na manutenção dos limites entre os "de dentro" e os "de fora" que se conquista uma posição na estrutura hierárquica brasileira. É preciso se valer das oportunidades e dos privilégios reais (amigos, dinheiro, herança, sobrenome, diplomas) para performar a distinção tal como o grupo imagina que ela deve ser. Para se sustentar, cobra-se das elites um gerenciamento cuidadoso dos excessos.

Embora o dinheiro seja um falo no mundo capitalista, ele não é suficiente para fazer de alguém rico, um rico. Para ficar no mesmo campo de ideias, é como ter um pênis ou uma vagina. Esses são indicativos de gênero importantes, mas sozinhos não são suficientes para posicionar ninguém na estrutura social. Para sermos reconhecidos como homem ou mulher precisamos performar, repetir e reinscrever os códigos de masculinidade e feminilidade em nosso corpo de tal modo que não reste dúvidas de que somos quem dizemos ser.[1] O mesmo se dá em relação à operação da diferença à brasileira. Ter dinheiro é importante, mas jamais será suficiente para garantir uma posição entre os "de dentro" e os "de fora". É preciso mais.

Para se inventarem, os ricos precisam entrar armados numa dura batalha simbólica para convencer os outros (as outras classes) e os seus (as próprias elites) de quem são. A guerra pela diferença é interna e externa. É para os "de fora" e para os "de dentro". Esse é o verdadeiro *trabalho árduo das elites* — o de manejarem fronteiras e convencerem a si mesmos, e aos outros, de quem são.

5.
A diferença

Em 1950, Helena Gondim e Lourdes Catão decidiram reunir os nomes, telefones e endereços da elite carioca em um livro vendido apenas para um *petit comité*. Netas de Otto Prazeres, jornalista com trânsito pelos palácios da República, quando jovens, as duas se deram conta de que a vida agitada do Rio de Janeiro não combinava com a dificuldade de comunicação entre os bem-nascidos.

A partir dos anos de 1940, a centralidade política e cultural da então capital da República intensificou o ciclo migratório. A invasão de forasteiros de sobrenomes desconhecidos causou um problema para as elites locais. Para fazer uma festa, convidar para um jantar, fechar um negócio ou apresentar uma filha, os ricos da capital não sabiam mais como encontrar uns aos outros. Foi Helena Gondim quem descobriu a solução: fazer um *Who's Who*, publicação famosa na Inglaterra e nos Estados Unidos desde meados do século XIX, na capital mais charmosa dos trópicos.

Nos Estados Unidos, os selecionados da publicação tinham de cumprir pré-requisitos impostos pelas regras da distinção de lá. Segundo Charles Wright Mills, sociólogo weberiano interessado nas diferenças de classe, as elites americanas se firmam pela disputa de quão gordas andam as contas bancárias, em quantas pessoas mandam e o quanto são bem-vistos pela comunidade.

Ou seja, alguém só é reconhecido como rico se tiver cacife para enfrentar uma análise minuciosa dos seus símbolos financeiros (salários, bens, patrimônio, padrão de consumo), dos signos de poder (tamanho da empresa, números de subordinados, cargos e títulos) e da posição ocupada nas réguas de prestígio.

Helena Gondim e Lourdes Catão entenderam que, para dar certo no Brasil, os parâmetros de inclusão precisariam se adaptar aos padrões brasileiros. No início da empreitada, sem ambição e ainda sem consciência dos critérios, resolveram criar um livrinho com ares de caderninho de telefone de vovó com nome, endereço, um número para contato e as áreas de atuação e interesse das *figuras da sociedade*.

Os Orleans e Bragança, os Catão, os Mayrink Veiga, os Guinle, os Fraga, os Nabuco, os Borges de Medeiros, os Marinho, os Monteiro de Carvalho e outros tantos sobrenomes famosos constaram nas páginas do *Sociedade Brasileira* ao longo de 52 anos, das primeiras edições até 2012, quando a publicação acabou.

Era um *trabalhão*, como elas mesmas contavam aos jornais no lançamento das edições com atualizações quanto a eventuais mudanças de endereço, compra e venda de casas de campo ou de apartamentos de temporada em Paris ou em Nova York, separações e uniões, entrada dos jovens, filhos dos ricos tradicionais, que, agora casados, tinham seus próprios endereços e interesses.

O esforço tornou-se ainda maior a partir dos anos de 1960. O Rio deixou de ser a capital do país e o perfil do empresariado brasileiro mudou. Junto do presidente Juscelino Kubitschek, foram para os palácios de Brasília, de mala e cuia, os funcionários bem pagos, os homens de poder, os diplomatas e embaixadores, os jantares e coquetéis oferecidos a autoridades e parte do glamour da *high society* carioca.

Em paralelo, a financeirização na economia mundial mudou o caráter do dinheiro e a cara dos ricos no planeta. Se antes os milionários tinham feito fortuna apoiados na exploração dos trabalhadores nas fábricas ou no varejo, agora eram os yuppies do capital especulativo que dominavam a cena, junto aos novos-ricos com bom faro para as oportunidades de negócios na nova economia em transformação.

De novo perdidas, Helena Gondim e Lourdes Catão se valeram da intuição e dos aprendizados de uma vida para definir quem merecia fazer parte do livro.

A regra era clara. "Não importa mais tanto o sobrenome, e sim se a pessoa circula, se é vista e tem um comportamento elogiado pelos outros integrantes do livro", disse Lourdes Catão em entrevista ao jornal *O Globo* em 2014, quando deixou claros seus métodos de avaliação.

Nota-se que, mesmo Eike Batista, conhecido vendedor de sonhos disfarçados de papéis na Bolsa, que já foi um dos homens mais ricos do mundo, jamais entrou para a tal lista. A habilidade do empresário de fazer bilhões não foi suficiente para limpar sua ficha e ter *um comportamento elogiado pelos outros integrantes do livro.*

Nos anos de 1990, Eike namorou Patrícia Leal, trineta do conde João Leopoldo Modesto Leal, um magnata dos tempos da República Velha. A jovem fazia o estilo bela, recatada e do lar. Com berço, tinha "bons modos", falava línguas, conhecia os melhores spots de Paris, Nova York e Londres e era reconhecida pela elegância de dar inveja às inimigas.

Não por acaso, Zózimo Barrozo do Amaral, colunista social, definiu Patrícia como o tipo ideal das bem-nascidas cariocas. Por efeito de um dos seus textos, toda e qualquer riquinha bem cuidada era uma "patricinha", em homenagem à primeira exemplar do tipo. Mas a sorte de Patrícia Leal em nascer em berço de ouro e seu bom gosto no vestir não se refletiu nos amores. Mais por culpa de Eike do que dela.

A cerimônia religiosa do casamento entre Eike e Patrícia aconteceu em 1990. *Uma felicidade só*, como ouvi de uma amiga próxima do ex-casal, convidada para as comemorações. Dias depois, com tudo pago e a devida finesse, quatrocentos convidados seriam recebidos com tudo o que havia de bom e de melhor em uma festa de sultão. Desde o último baile do Império não se via coisa parecida na cidade.

Foi quando Eike Batista, pela primeira vez, levou quem apostara na sua reputação de bom moço a passar vergonha. Na premiação de um campeonato de lanchas, ele notou, entre os convidados, uma morena estonteante de Nova Friburgo, irmã de uma atriz de novela. Com um corpo escultural, Luma de Oliveira capturou os olhares dos homens e tirou o sono das outras patricinhas, que já tinham ouvido falar da sua capacidade de capturar os melhores partidos do Rio de Janeiro. Mas a morena enlouqueceu mesmo foi o recém-casado, o mais recente da agonizante aristocracia carioca.

Eike Batista não foi o primeiro a cair nas graças da morena, mas foi o mais corajoso. Rompeu com Patrícia Leal dias antes da festa e se casou com Luma, já revelando o estilo "tudo ou nada" que anos depois também aplicou aos negócios. Da noite para o dia, um dos jovens mais desejados pela nata da cidade se transformou em persona non grata. Prestes a ter seu nome incluído no *Sociedade Brasileira*, Eike recebeu a pena capital. *Se tivesse casado com Patrícia, teria sido incluído*, repetem até hoje as testemunhas do entrevero.

Quando Eike trocou Patrícia por Luma, priorizou os desejos da carne em detrimento dos compromissos sociais. Além de gerar o embaraço de cancelar o casamento, rompeu o acordo tácito de separar os "de dentro" dos "de fora", misturando gente que não dava para misturar e, assim, implodindo o esforço de gerações de endinheirados para convencer a sociedade de quem eram.

Assim se opera a diferença. É por meio da inclusão nas altas rodas e da consolidação dos vínculos com quem valorizam que os ricos se inventam como ricos, se mantêm nos espaços de poder e ganham acesso a oportunidades abertas a poucos. Esse é um trabalho coletivo, intenso, ao qual as elites precisam estar sempre atentas. Não à toa, checam se os muros invisíveis da distinção continuam altos o suficiente para protegê-los, se os portões da diferença seguem firmes e se os seguranças estão cumprindo, com eficácia, seu papel de regular quem entra e quem sai.

Patrícia Leal se recuperou do rompimento e engatou um namoro com Antenor Mayrink Veiga, filho de uma das famílias mais tradicionais da cidade e um dos melhores consortes disponíveis à época para uma moça tão "de dentro" como ela. Viveram juntos por catorze anos, tiveram dois filhos e se separaram em 2007.

Na assinatura dos papéis de divórcio, as coberturas de Ipanema, os triplex do Leblon e as mansões da Gávea ficaram em polvorosa com os boatos sobre o romance de Patrícia com uma mulher — uma professora da academia Estação do Corpo, na Zona Sul do Rio, onde os ricaços queimavam os culotes ali pelo final dos anos 2000.

Com a calma peculiar de quem já nasceu com os boletos pagos, no meio do turbilhão, em uma entrevista à revista *Veja*, Patrícia colocou panos quentes sobre os boatos com a elegância herdada dos Leal: "Olha bem para a minha cara e vê se é verdade".

Ao contrário do que podem pensar alguns leitores, o problema não era o suposto relacionamento homossexual, e sim o fato de uma Leal trocar um Mayrink Veiga por uma personal trainer.

Patrícia estava certa. É impossível descobrir os segredos de alcova ou a orientação sexual de alguém pela cara. Mas, no Brasil, já adianto, não há forma mais eficaz de localizar alguém na estrutura social do que avaliando, investigando e compreendendo, pela cara e pelos modos de vida, que tipo de gente é.

Sendo ela a patricinha original, herdeira de um Leal, ex-Mayrink Veiga, moradora de um palacete, com nome recorrente no *Sociedade Brasileira*, frequentadora do Country Club e de outras fortalezas dos milionários, era de se esperar que Patrícia manejasse as fronteiras da distinção com rara habilidade e que jamais rompesse com o pacto das elites. Qualquer história de trocar marido bem-nascido por professora de academia só faria sentido no Leblon das novelas do Manoel Carlos.

Seja na Barra da Tijuca, nos salões das mansões tradicionais do Jardim Europa ou nas coberturas do Upper East Side em Nova York, os membros das classes altas precisam entender mais de cultura do que de dinheiro para se manter no topo da pirâmide. O dinheiro contribui — e muito — para a invenção da diferença, mas não é o suficiente. O que importa são os muros.

II
Em cima do muro

6.
A pergunta maldita

Às margens do Lac de Genève, centenas de iates brancos, barquinhos a vela e botes a remo seguiam em paz, embalados pelo vento. Batizados com nomes de cidades, de pessoas amadas ou de montanhas, navegavam de uma margem a outra do lago, sem pressa.

O ritmo acelerado imposto pelo desenvolvimento tecnológico aos 8 bilhões de humanos do planeta não perturbava os suíços que transitavam pelas águas e pelas ruas de Genebra. Apesar de ser o berço da relojoaria de luxo e de ter dado o chute inicial na criação de uma vida marcada pelo tique-taque dos relógios, a Suíça tem no ar a calma de quem não precisa vender tempo de vida para pagar as contas.

Pelo menos era o que eu conseguia ver do café onde encontrei Marc Henri, antropólogo especializado em sistemas de saúde e seguros, no topo de um edifício centenário no centro histórico da cidade, às vésperas do rebuliço causado pelo coronavírus.

À época do nosso encontro, havia três anos que Marc tentava pesquisar a vida dos bilionários nos Alpes. Tinha interesse em descobrir por quais razões quem pode arcar com a perda de qualquer objeto ou com qualquer tratamento nos melhores hospitais do mundo se metia a pagar parcelas modorrentas de um plano de seguro para a casa, os carros, os aviões, e até mesmo para a própria morte. "Seguro é para quem vive no risco. É coisa de classe média", ele me disse enquanto saíamos do prédio em direção à esquina da Rue du Rhône com a Robert-Céard, zona de lojas de luxo da cidade.

Sob a proteção de um sol tímido de outono, com a brisa fria a anunciar a próxima estação, Marc me imprensou com a pergunta maldita, aquela à qual sou obrigado a responder quando descobrem meu "objeto de pesquisa":

— Mas, me diga, como você conseguiu entrada no mundo dos ricos?

— Demorou, demorou muito. Eu precisei virar outro pra ser aceito. E, parte dessa história, eu vivi naquela esquina.

Quase dois anos depois do incidente com Mário Jorge e Claudette no aeroporto de Miami, Olívia, filha de uma família tradicional de São Paulo, me convidou para um almoço perto de seu apartamento na Suíça. Filha de um ex-banqueiro, ela era dona de um fundo de investimento criado com o patrimônio da família. Em meados dos anos 2000, decidiu juntar as heranças deixadas pelo bisavô latifundiário e pelo avô industrial e somar as duas com a do pai para assumir a própria caixa-forte.

Nos encontramos na porta de um restaurante na Rue de Rive, uma das áreas mais nobres de Genebra. Ao contrário de Mário Jorge e Claudette, Olívia vestia calça preta e camisa social de seda branca larga, de corte assimétrico, sem marcar os contornos do corpo. Não carregava nenhum produto com logo aparente ou acessório dourado.

A mulher me encontrou com um sorriso discreto e um abraço de pouca intimidade, daqueles nos quais as pessoas se aproximam só para lembrar quão distantes são.

— Que prazer te encontrar, Michel. Eu só tinha te visto por aquela telinha do Skype ou na capa dos jornais, né? Ficou famoso! Quem diria...

O constrangimento do encontro foi logo dissipado pela chegada da recepcionista. A funcionária nos recebeu com uma proximidade reservada aos habitués, perguntando por Maria Catarina e Esther, as filhas da minha anfitriã, e quando a família voltaria a encomendar o jantar todos os dias no estabelecimento.

Olívia se justificou para mim:

— Eu venho sempre aqui — disse antes de nos sentarmos. — É perto de casa e não perco tempo precisando escolher o que eu quero. Quando a empregada tira férias e volta pro Brasil, o chef daqui monta nosso jantar todos os dias.

Almoçamos juntos. Acostumada a taças de cristal, pratos sobre pratos, arranjos de flores naturais, ela gesticulava sem se preocupar com possíveis choques com a cenografia. Um sinal claro do treinamento recebido e da fluência com que transitava por cenários como aquele.

Eu apenas me lembrava, ainda dos tempos da infância, de Glorinha Kalil no *Fantástico*, dominical da TV Globo, ensinando às massas como deviam proceder com tanta quinquilharia ao redor. *Não gesticule muito, hein? Não é chique. Nunca apoie sobre a mesa, tá bom? Não é chique. Cotovelos sobre as toalhas brancas, jamais. Jamais. Não é chique.*

Tempos depois do almoço em Palm Beach, mais uma vez eu me via diante de um ricaço em um restaurante no exterior, ainda sem saber como me portar e tendo de tomar cuidado para não dar pistas do meu histórico como um "de fora".

O baile dos garçons pelo salão não atrapalhava nossa conversa nem brecava meus pensamentos. Enquanto Olívia falava, eu me perguntava como alguém com tanto dinheiro podia se vestir de maneira tão simples.

Cometi um erro crasso, mas comum em encontros com um rico tradicional. Em geral, quando de frente a um endinheirado sem nenhum logo aparente, tendemos a atribuir-lhe simplicidade, fineza e bom gosto, em contraposição ao apego dos novos-ricos a itens chamativos.

O estilo já ganhou até nome nos meios de comunicação: *quiet luxury*, um luxo capaz de sussurrar quem se é para poucos, em vez de gritar o dinheiro que se tem, como gostavam de fazer Mário Jorge e Claudette. Os seguidores da tendência apostam em tecidos de alta qualidade como seda chinesa, linho puro do Norte da África e tricôs de lã de ovelhas geneticamente modificadas para fornecer a melhor matéria-prima do mercado. Se possível, em tons pastel ou cores escuras, e sem logos visíveis.

Apesar de ter ganhado um nome, o movimento não é novo. Diferentemente dos novos-ricos, ansiosos por exibir as coisas compradas, os bem-nascidos ostentam a própria diferença mais para os "de dentro" do que para os "de fora".

Enfurnados em suas mansões, carros blindados, elevadores privativos, escolas de elite e restaurantes exclusivos, os ricos tradicionais têm menos contato com indivíduos de outras classes do que os emergentes, ainda muito ligados à família e aos amigos de quando eram pobres. Assim, quando precisam operar a diferença, os quatrocentões brasileiros estão mais interessados em serem reconhecidos pelos seus do que pelos outros. E, por conta disso, se valem de objetos, assuntos e amizades só entendidos por quem nasceu e viveu nos mesmos círculos.

A aparente simplicidade, no entanto, revela uma camada ainda mais perversa da opressão de classe. Ou o ricaço, sabendo da estrangeirice do interlocutor, nem se dá ao trabalho de ostentar seus hábitos de vida e bens de consumo, ou ostenta marcas e signos que o recém-chegado, por fazer parte de outro mundo, não tem a capacidade de perceber. Nos dois casos, evidencia-se a diferença.

Olívia seguia o rito. Assim que nos sentamos à mesa, uma ricaça francesa foi ao nosso encontro para cumprimentá-la.

— Olívia, querida, que prazer te encontrar aqui. Como está sua família? Falamos de você ontem lá em casa. Você tem ido muito a Paris? Essa blusa tem a cara da Anne. É dela? Tem falado com ela?

— Mandei fazer. Tá ótima. Estive lá um dia desses — respondeu.

Anne era Anne Adélia Cristina Maria Tereza Fontaine, brasileira, dona da marca Anne Fontaine, conhecida por aqueles tempos como o melhor lugar para comprar camisas brancas do planeta.

Todos os dias celebridades, artistas, empresárias, políticas e endinheiradas cruzavam os portões da loja a ponto de, quando cheia, a área central lembrar a Assembleia Geral da Organização das Nações Unidas. Da França, Carla Bruni. Dos Estados Unidos, Oprah Winfrey, Britney Spears, Michelle Obama e Uma Thurman. Da Austrália, Cate Blanchett. Do País de Gales, Catherine Zeta-Jones. Do Brasil, Olívia. Da França, Marie Constance de Singly de France, a madame que acabara de nos cumprimentar no restaurante.

— Essa é uma pessoa boníssima. Rica. Riquíssima. Tem até castelo. Tivemos lá um dia desses. Eu, meu marido e as crianças.

Se eu fosse francês ou conhecesse profundamente os marcadores de diferença em funcionamento naquela cultura, a teria tratado com a devida reverência. Afinal, ela era uma nobre.

Marie Constance tinha um nome composto inspirado em santos católicos e princesas da Idade Média — um indício claro de que seus pais não a batizaram com base em um guia de nomes de banca de jornal. Além disso, era uma De France, De Singly, numa sociedade em que as partículas de/du são um carimbo de comprovação do passado nobre das famílias, detentoras de nacos de terra e de reinados antes da grande revolução de 1789. E, como se não bastasse, ainda tinha um castelo.

Ter um château é um importante traço de distinção para uma certa aristocracia francesa. Os estudiosos Michel Pinçon e Monique Pinçon-Charlot veem os châteaux como regiões morais, fontes de identidade nas quais as famílias têm a chance de se lembrar dos grandes feitos dos antepassados e colocar em prática, no presente, a própria distinção. É um espaço de reprodução da tradição. É assim que um rico se inventa como rico na França.

Anne Fontaine só conseguiu ressuscitar a falida fábrica de camisas do então marido, Ari Zlotkin, porque entendeu bem as especificidades da clientela.

Em um domingo, fuxicando os baús, os depósitos de moldes e peças antigas da marca, olhou para as roupas e viu o futuro: "E se eu inventasse uma marca de camisas brancas capaz de fazer pelas mulheres chiques a mesma coisa que o pretinho básico fez pelas nossas mães e avós?", revelou o pensamento a uma revista de Paris.

Desenhou de vinte a trinta modelos, produziu cinco ou seis peças de cada um, e as entregou aos representantes comerciais. Venderam tudo em poucos dias. Cada camisa foi criada e produzida levando em consideração o apreço pela arte do detalhe, um dos mais caros à operação da distinção, segundo Béatrix Le Witta — socióloga com anos de pesquisa nas elites do Velho Continente.

O ascetismo burguês é uma forma eficaz de mostrar controle sobre a natureza e sobre si mesmo — traço representativo de um estado mais avançado no processo civilizatório, como analisado pelo sociólogo alemão Norbert Elias. Afinal, é dando atenção ao menor, àquilo que é supérfluo e que passaria despercebido para a maioria das pessoas, que o ricaço se vende como especial, excepcional.

Não à toa, personalização, customização e autenticidade são atributos enaltecidos pela marca de Anne. Se alguém das camadas médias ou dos emergentes, por conta das ofertas de crédito, pode entrar em uma loja de luxo e comprar o que desejar, os ricos tradicionais apostam na personalização como caminho para marcar quem são. É como se dissessem: "Em um mundo onde eu tenho dinheiro para comprar o que quero, o que já existe não me interessa. Interessa só o que é único, pensado para mim".

Logo, a empresária foi de um pequeno estabelecimento na Rive Gauche, região dos modernosos da cidade, a uma loja conceito da Rue du Faubourg-Saint-Honoré, meca das principais marcas de luxo. Nas araras, as peças não custavam menos de setecentos euros. Mas o gosto de Olívia pelos modelos sob medida, com bordados expressivos, salgava ainda mais os preços. Cada peça não saía por menos de 6 mil euros.

O almoço no restaurante de Genebra precisava ser rápido. Olívia tinha um compromisso marcado com a gerente de uma loja de perfumes a poucas quadras dali. Sua expressão se mantinha tensa à altura do dilema que mencionava ter.

Sem me perguntar sobre meus planos, ela me comunicou:

— Vamos comer rápido e você vai comigo pra reunião. Depois eu arrumo mais alguma coisa pra te mostrar da cidade. Você não tem mais nada pra fazer, tem?

Outra forma comum de impor a diferença, entre os ricos tradicionais, é pressupor que os outros, não ricos, vivem em uma falta completa — lhes falta dinheiro, conhecimento e experiência. Inclusive, lhes falta o que fazer.

Sem alterar o tom de voz, com controle dos gestos e da expressão, munidos de *por favor*; *muito obrigado*; *não sei nem como te agradecer*; *faça esse favorzinho pra mim, por gentileza*; *deixa eu te explicar uma coisinha, querida*, eles sacam suas armas e imobilizam os adversários, até que estes reconheçam sua superioridade.

Do início do nosso almoço até nossa despedida, no final do dia, Olívia me fez de tolo e, sempre que possível, deixou claro seu esforço, sua paciência e benevolência para suprir o que ela tinha certeza de que me faltava.

Primeiro, decidiu o que eu comeria. Para si mesma, pediu uma salada com queijo de cabra, presunto, nozes e mel. E, para mim, um *steak tartare*, mas não sem antes frisar que se tratava do melhor de toda a Suíça. Decidiu também por duas taças de um vinho tinto francês.

Mexeu em algumas folhas de alface, beliscou uns pedaços do queijo, bebeu uma golada do vinho e se deu por satisfeita. Com delicadeza, emendou:

— Aproveita, Michel, come mesmo. Eu posso vir aqui a qualquer hora. Você não, né? Tem que aproveitar.

Depois, definiu o meu destino.

— Vamos, vamos embora. Não temos tempo a perder, querido. Precisamos partir agora para a missão impossível. Tudo bem, pra você?

Não sem antes, lembrando quem eu era, entregar o cartão de crédito ao garçom e concluir:

— Pague no Brasil. Querido, o dinheiro de vocês aqui fica assim, ó, pequeninho — disse, aproximando o polegar do indicador como fazia Chico Anysio na *Escolinha do Professor Raimundo*.

Nos levantamos rumo à próxima missão. Saímos pelas ruas de Genebra em direção à Theodora, uma *haute parfumerie*, casa de fragrâncias conhecida pelos produtos exclusivos.

Olívia encostou o umbigo no balcão com um minifrasco nas mãos e pediu uma avaliação da vendedora. Carregava o perfume num vidrinho com ares vintage e estava disposta a pagar quanto fosse para ter uma cópia da fragrância. Repetiu à vendedora a ladainha que tinha me contado logo antes: o perfume usado por gerações de mulheres da sua família havia sido descontinuado pela fabricante e ela estava preocupada, porque aquela era uma marca do seu clã.

A vendedora pegou o frasco para fazer uma análise mais detida.

— Este não é um perfume doce. É fresco. Sinto flores. Flores brancas. Creio que sejam frésias — investigou.

Por fim, depois de alguns minutos de aspirações e olhos voltados para um canto do teto:

— Madame, esta fórmula é complexa. Sozinha, não conseguirei chegar a uma conclusão. Vamos precisar da ajuda do mestre.

O mestre era um renomado especialista suíço. Morava nos Alpes e desceria à cidade para fazer a avaliação e decidir como produziria a fórmula perfeita. A produção exigiria um investimento entre 12 mil e 15 mil euros.

Os altos custos do serviço foram justificados pela funcionária. Além da contratação do profissional, ele teria de se dedicar por semanas à descoberta da fórmula original e fazer inúmeros testes, até chegar ao segredo. Depois disso, Olívia receberia a fórmula e, das próximas vezes, só pagaria pela produção do perfume.

— E então eu vou enviar o envelope com a fórmula para o cofre da família. É um tesouro — ela emendou.

Deixamos a loja sem fechar negócio. Na calçada, Olívia entrou em crise. O empecilho não era o dinheiro nem a certeza de que precisava recuperar o cheiro das roupas da avó, mas que tipo de vida era aquele no qual ela podia gastar até 15 mil euros para descobrir um perfume, enquanto milhões de brasileiros estavam imersos na miséria. Crise.

— Isso não é normal! Não é normal. Eu vim pra cá pra ser normal, né? Eu já te contei a minha história. Eu me mudei pra cá pra viver outra vida.

Apesar de termos nos encontrado virtualmente e trocado e-mails nos anos anteriores, eu não achava que havia conquistado tamanha proximidade para testemunhar a crise identitária dela. Não demorou muito, Olívia se justificou.

— Michel, você é um especialista, um antropólogo do luxo, entende que vale. Você sabe o que vale. Vale ou não vale?

Por medo de revelar meu espanto com as cifras, respondi de pronto.

— Vale. Vale muito. Eu achei até barato.

O impasse logo foi resolvido. Com os olhos protegidos por óculos escuros da marca de luxo alemã Mykita, ela fitou os céus à espera de permissão divina, ajeitou a franja e decidiu: *eu vou comprar, Michel.*

Voltamos à loja com Olívia disposta a pagar pela descoberta do segredo do perfume. Cruzou os portões da *haute parfumerie* já com cartão de crédito em mãos, encarou a vendedora e deu o comando.

— Tá decidido. Prefiro já deixar pago.

Durante os trâmites do pagamento, não sei se por remorso, ela tentou convencer a si mesma de que aquela não era uma compra normal porque a necessidade não era normal.

— Isso é um investimento, né? É um investimento na tradição da nossa família. E não é pouca coisa. Sem a nossa história, o que será de nós?

Contei essa história para Marc Henri enquanto andávamos por uma das principais avenidas de Genebra. Nessa altura da conversa, enquanto eu estava imerso na narração, Marc perdeu a neutralidade típica dos cientistas. Sem me dar brechas para fugir das intenções iniciais do nosso encontro, ele me encurralou com uma intervenção curta e direta:

— Peço desculpas por insistir, mas ainda não entendi. Sei que você foi aceito, mas a pergunta continua: como você entrou?

— Não fui eu. Foi o outro. Foi o antropólogo do luxo.

7.
A tentativa

Fiz questão de deixar claro na conversa com Marc Henri que, seja no Brasil ou no exterior, as primeiras tentativas de pesquisas junto às elites dão-se por duas possibilidades: uma mais dispendiosa, a outra, mais cansativa. Ele teria de escolher.

Ou arrumaria um jeito de frequentar os clubes, as festas, os restaurantes, os shoppings e os outros espaços de sociabilidades frequentados pelos endinheirados, e pagaria caro pela entrada; ou se valeria de amigos ricos e de amigos de amigos para, de algum modo, ter a chance de ouvir e observar os encontros e as dinâmicas sociais entre os "de dentro".

As duas possibilidades são penosas e levam muito tempo. A princípio, os entrevistados não têm nenhum interesse e não veem ganho em andar, de um canto a outro, com um antropólogo a tiracolo, tomando notas e fazendo perguntas incômodas.

Eu optei por me agarrar aos amigos e amigos dos amigos. Era o que cabia no meu bolso. Não havia alternativa. Como um estudante, eu não possuía meios para bancar viagens na classe executiva, jantares em restaurantes estrelados, título dos clubes exclusivos das grandes capitais brasileiras ou apartamentos em Nova York, Paris, Milão, Roma ou Londres para acompanhar de perto o périplo dos brasileiros pelo circuito Elizabeth Arden, como os *globetrotters* se referem à lista de cidades. Apostei nas amizades.

Olívia era a amiga riquíssima de uma amiga rica. Conheci Raquel quando ainda vivia no Canadá. Eu fazia um curso rápido, desses abertos só no verão, na renomada McGill, onde nos conhecemos.

Raquel conviveu com os bilionários brasileiros durante toda a vida. Seu pai foi sócio minoritário de um escritório especializado no gerenciamento de grandes fortunas. O afinco com que ele cuidou do patrimônio dos clientes gerou laços que ultrapassaram as fronteiras do negócio. A ponto de tanto o pai quanto os bilionários saírem por aí dizendo ser quase irmãos.

A amizade misturada com trabalho permitiu que a família de classe média alta do Itaim Bibi frequentasse os espaços da alta sociedade paulistana e tivesse acesso aos hábitos de consumo e ao estilo de vida dos endinheirados de São Paulo. Por meio de convites para viagens a fazendas, casas de veraneio no exterior e passeios de helicóptero, Raquel e suas irmãs aprenderam a operar a diferença ao modo dos ricos brasileiros, e acabaram ricas.

Conhecendo a história de Raquel, por nossa proximidade durante o curso no Canadá, decidi retomar o contato com ela quando retornei ao Brasil. Prontamente, ela se mostrou disposta a me "mostrar as loucuras dessa gente que não tem de se preocupar com o amanhã", como dizia. De supetão se lembrou de Olívia, a mais peculiar de todas as amigas.

A ambição inicial era fazer de um contato uma bola de neve. A partir de uma única entrevista, pedir à pessoa que me indicasse outras do seu círculo, com características semelhantes. Como uma correnteza, com um rio desaguando em outro, eu formaria um grupo grande, representativo o suficiente para a investigação.

Parecia fácil. Raquel, uma rica, ex-membra da camada média alta, me indicou uma quatrocentona, Olívia. Juntas, as duas, depois de confiarem em mim, sairiam por aí a me apresentar para dezenas, centenas, milhares de ricaços espalhados pelo Brasil.

— Olívia vai topar, tenho certeza — ela emendou.

Olívia topou, mas ao seu modo. Preocupada com os riscos que um encontro com um "de fora" implicava, impôs suas condições. Ciosa da sua segurança, me obrigou a ir ao escritório de Raquel, na avenida Faria Lima, centro financeiro de São Paulo, às três horas da tarde de uma quarta-feira. Lá, da sala de reuniões, pelo computador e sob a vigília da ricaça, falaria comigo.

Diante das minhas perguntas, disse só o que quis — muito diferente da abertura que me deu em Genebra, anos depois. Quando perguntei quais eram as origens da sua riqueza, falou da desigualdade social brasileira. Quando lhe indaguei quanto ao trabalho de seu marido, resumiu-o numa frase: "ele tem negócios e administra os bens da família". Quando a questionei sobre seus hábitos de consumo, saiu pela tangente e me explicou sua receita de confit de pato, reconhecida na vizinhança como a melhor adaptação do prato francês. O único momento em que se entusiasmou foi quando me contou sobre a decisão de se mudar para a Suíça.

Olívia cresceu entre a mansão dos seus pais, no Jardim Europa, um dos bairros mais nobres da capital paulista; os apartamentos da família em Nova York e Genebra; a fazenda e a casa de praia no litoral norte de São Paulo. Viveu indo de um canto a outro da cidade em carros blindados, com motoristas e equipe de segurança. Desde jovem exigia que seus guarda-costas não tivessem cara de segurança. Eles tinham de andar com "roupas de gente normal, com corpo de gente normal, com óculos escuros de gente normal, ter boca de gente normal e sorrir COMO GENTE NORMAL! Ahhhh! Manter pelo menos três metros de distância de mim, o mais importante! Pra pelo menos eu, né... parecer normal".

Perto do seu aniversário de quarenta anos, a estratégia de parecer normal deu numa dor de cabeça danada. Olívia decidiu ir a uma loja de joias na Oscar Freire, então rua do comércio de luxo da capital paulistana, comprar uma gargantilha de brilhantes já encomendada para a festança de trezentos convidados nos jardins da sua mansão. Desceu do carro e os seguranças a seguiram à distância.

No caminho, dois homens em uma moto, armados, miraram na bolsa Hermès pendurada no seu antebraço. Apontaram a arma e puxaram a alça com força.

"O bambu gemeu", me relatou o segurança expatriado com a família para a Suíça.

Ágeis, os profissionais correram. Com os joelhos flexionados e a arma em riste, um deles mirou nos meliantes enquanto o outro foi em direção à patroa para protegê-la. Pow. Pow. Pow. Por cerca de trinta segundos, a rua mais chique de São Paulo virou uma zona de guerra. Entre tiros e gritos, Olívia foi ao chão com o corpo do brutamonte sem corpo de brutamonte sobre o seu. Um tiro estilhaçou uma vitrine. Outro voou a esmo. E o último atravessou uma banca de jornais cheia de revistas de moda. Cacos de vidro voaram para todo lado.

Olívia saiu viva, apenas com o cotovelo machucado por conta do impacto com o chão. Levantou, entrou na loja, tomou um copo de água, experimentou o colar de milhares de reais. Voltou ao carro e seguiu para a casa pronta para fazer maquiagem e cabelo à altura de uma festa de aniversário de arromba. Bebeu e curtiu com os amigos sem compartilhar com ninguém o ocorrido daquele dia nem seus planos futuros. Nenhum dos convidados imaginava, mas sua festa de 41, a do ano seguinte, não aconteceria no Brasil.

Às três da manhã, enquanto tirava a maquiagem de frente para o espelho, viu pelo reflexo o marido pendurar o paletó no armário e sentiu o peso das emoções e do álcool sobre o corpo.

— Que dia! — ela suspirou. — Pedi à secretária pra comprar passagens pra mim e as crianças. Estou de mudança pra Genebra amanhã. Vou embora. Não nasci pra viver presa em gaiola. Eu sou livre. As babás vão depois de amanhã, a cozinheira, no final de semana. E você, vai?

Sem saída, ele arrematou:

— Vou.

Quarenta e oito horas depois, a família parecia bem acomodada no apartamento de Genebra, como ela mesma me contou. Os empregados assumiram seus postos e as crianças foram logo atendidas por uma tutora suíça especializada em receber filhos de executivos internacionais. Ricardo, marido de Olívia, instalou duas enormes telas de computador sobre a mesa do escritório e se mantinha atento à televisão, ligada durante 24 horas na Bloomberg, canal de notícias econômicas.

O dilema entre ser e não ser normal acompanha boa parte das famílias tradicionais brasileiras. Mesmo com excesso de dinheiro, casas, carros, empregados, amigos e conhecidos, eles se esforçam para mostrar aos outros (sejam eles ricos, não ricos ou empregados) que são tão humanos, tão normais, como qualquer outro mortal.

A distinção é uma arma que precisa ser guardada como um cão bravo dentro de uma jaula, pronto para ser solto sobre invasores que não forem capazes de compreender a operação da diferença. Se o animal bradar contra qualquer um que passar, o comportamento parecerá inadequado. Ostentação. Longe de Olívia querer ostentar.

— Eu quero uma vida normal, Michel — ela seguiu repetindo pela tela do computador.

Depois de ter sacado à distância que eu não era um "de dentro", pouco a pouco Olívia foi perdendo o interesse na conversa. Começou a responder de forma monossilábica, sem se aprofundar e, diante da minha insistência, a dar respostas vazias. Com gentileza, deu fim ao papo alegando falta de tempo, mas não sem antes me fazer duas promessas: repetiríamos a entrevista com mais calma em poucas semanas, quando a agenda dela estivesse mais folgada, e me indicaria outros amigos para a pesquisa. Não fez uma coisa nem outra.

A solução foi continuar agarrado à rede de Raquel.

8.
Testes de reconhecimento

As primeiras tentativas de contato foram um fracasso. Mesmo com a ajuda de Raquel e seus amigos, sempre que eu me aproximava de um endinheirado, uma montanha de problemas, poréns e justificativas se impunha entre nós. Cada recusa à minha presença era mais do que uma dificuldade inicial. Era uma pista das formas de classificação e da maneira como os endinheirados pensam e vivem o mundo.

Como ensinou o sociólogo alemão Georg Simmel, as elites se definem pelo cultivo dos vínculos com os iguais e pelo afastamento em relação aos "de fora". Quando se davam conta da minha "estrangeirice", rapidamente os endinheirados davam fim à conversa. Mas, como a riqueza não é identificada por padrões objetivos, antes de nos chutar de seus círculos, os ricos nos testam até concluírem se o interlocutor pertence ou não ao seu grupo. São os *testes de reconhecimento*, a tática usada para brecar a entrada de não ricos.

Trago a seguir três caminhos clássicos para a realização desses "testes". Primeiro, os ricos mapeiam o grau de ocupação diária dos novatos. Quanto mais ocupado, mais importante e mais interessante se é. Em seguida, testam a capacidade dos outros de "entrar na cena". Nos primeiros encontros, fazem questão de ritualizar, de forma excessiva, o próprio comportamento, para testar até que ponto os entrantes conseguem conquistar um lugar no enredo e compô-lo tal como um personagem com fala, papel e dilemas. Por fim, as iscas. Quando estão frente a frente com um estranho, os ricos tendem a jogar iscas para avaliar até que ponto o estranho é capaz de pescar as informações de quem falam, do que falam, de onde falam, e entender as mensagens truncadas.

Sem suspense, adianto que não passei em nenhum dos testes. Não foi por aí que fui aceito.

9.
Ocupados

Adolfo não era parente, mas era tão "de dentro" que não parecia só um amigo. De tão próximo, era chamado de tio.

Quase vinte anos mais velho do que Olívia, entrou para a família quando ainda era assistente do pai dela no fundo de investimentos. Seguiu os passos do patriarca, dominou como poucos os meandros do mercado e, como num foguete, se tornou o diretor mais jovem da instituição a liderar um projeto de modernização de mais de 5 bilhões de dólares.

Por décadas, todas as terças-feiras, Adolfo e o pai de Olívia sentavam-se ao redor de uma mesa no restaurante La Tambouille, em São Paulo, para trocar ideias e ajustar estratégias. Durante muito tempo, Adolfo foi tratado como principal herdeiro da cadeira. Mas, perto dos cinquenta anos, com a morte do próprio pai, decidiu largar tudo para voltar a cuidar dos negócios da sua família também milionária.

Sua rotina se dividia entre a mansão em um condomínio de Alphaville, na Grande São Paulo, e o interior do estado, onde ficavam sua fábrica de embalagens, seus milhares de cabeças de gado e sua fazenda.

Sob a insistência de Raquel, liguei para Adolfo, certo de que ele me receberia sem maiores preocupações.

— Michel? Amigo de quem? Ah, ela falou, sim. Negócio de pesquisa, né? Hum... Pode fazer as perguntas! Eu tenho uns quinze minutos. Ah, precisa encontrar? Faz o seguinte... Manda um e-mail para a minha secretária e agenda um dia. Eu te espero. Abração, meu irmão. Sorte no seu trabalho. O Brasil precisa de pesquisadores como você.

Não deu em nada. O Brasil precisava de pesquisadores como eu, desde que o pesquisado não fosse ele.

A secretária de Adolfo rapidamente respondeu ao meu e-mail e pediu que eu enviasse as perguntas da pesquisa. Assegurou que, em 48 horas, elas seriam respondidas pelo time de comunicação das empresas. Expliquei a necessidade de um encontro real, face a face, para o desenvolvimento do trabalho, e que eu me predispunha a viajar ao interior de São Paulo para a entrevista.

Dias depois, recebi um e-mail da assessoria de imprensa do empresário informando que, lamentavelmente, ele não tinha tempo para o encontro. De todo modo, tinham uma solução. Logo me enviaram um clipping com todas as entrevistas já realizadas por ele, seguido de uma mensagem rápida: "Tudo já foi dito, Michel. Fica tranquilo. Ele não falaria nada diferente do que já foi dito nessas matérias. O doutor Adolfo já foi até no Jô Soares. Você não faria perguntas melhores do que as do Jô, faria?".

Melhor, eu não sei. Mas faria outras.

Liguei para Raquel em busca de ajuda.

— Ihhh, Michel. Não tem o que fazer. Essa gente rica é assim mesmo. Eles nunca têm tempo. É uma gente muito ocupada.

Até então imbuído das teorias do economista americano Thorstein Veblen, eu fantasiava a vida dos milionários com dias ociosos, pernas e braços esticados em espreguiçadeiras sob gazebos cobertos de parreiras, ou nos beirais de piscinas de bordas infinitas, com bons drinks e muita contemplação. Segundo o autor, à medida que a economia monetária avançou e a propriedade privada se tornou um pilar fundamental da vida econômica, no fim do século XIX começamos a nos preocupar com a ostentação de símbolos de status (coisas ou comportamentos).

Nesse jogo, para além do consumo de objetos de alto valor, as elites começaram a operar a diferença a partir da ostentação de tempo livre, ocioso, dedicado a atividades sem fim produtivo. Assim, gradativamente, os hábitos de leitura, os saraus, a jardinagem e a caça de animais silvestres se transformaram em formas importantes de cultivo e aprimoramento do "eu" — longe da lógica produtivista, pragmática do capitalismo pós-Revolução Industrial.

O processo evolutivo descrito por Veblen no final do século XIX explica o comportamento das elites mundiais ainda hoje, mas não dá conta da especificidade brasileira.

Nas primeiras tentativas de contato, achei que a agenda ocupada de Adolfo fosse uma desculpa para evitar algum compromisso. No entanto, na fase mais intensa da pesquisa me dei conta de que essa cantilena era repetida por todos. Ninguém tinha tempo para nada e qualquer encontro precisava ser agendado com enorme antecedência. Nunca, mesmo depois de anos de intimidade, consegui um "sim" para um convite feito de supetão.

Às vezes, quando estava num bairro de elite, lembrava de ligar ou mandar uma mensagem para um dos meus novos "amigos", a fim de convidá-los para um café ou uma taça de vinho. Jamais me atenderam. As justificativas giravam em torno da velocidade da passagem do tempo, da quantidade de compromissos familiares ou de trabalho, da intensa agenda de viagens e da rotina pesada. O ócio e o tempo livre nunca foram valorizados. Ao contrário, vender a imagem de uma agenda cheia era um importante atalho na operação da diferença, fundamental na construção da distinção. As razões moram na História.

Depois do fim da escravidão no Brasil, as turbulências econômicas e a falta de políticas públicas de inclusão da população pobre, negra e com baixa escolaridade agravaram o desemprego. Sem condições de se inserirem no mercado de trabalho em plena transformação, os marginalizados vagavam pelas ruas em busca de bicos que lhes pudessem garantir algum dinheiro. Nesse momento, os ociosos eram os pobres.

Os governantes decidiram resolver o problema à canetada. As sucessivas cartas constitucionais brasileiras enquadram os desocupados espalhados pelas ruas das metrópoles na Lei da Vadiagem e os ficham como contraventores. Os indivíduos aptos a trabalhar, mas desempregados, ociosos por opção ou não, são infratores da lei, vadios, sob pena de reclusão de quinze dias a três meses.[1] Sendo assim, sob o compasso da História, no Brasil, ociosidade rima mais com exclusão do que com distinção (como nos estudos de Veblen). Por consequência, a operação da diferença se faz, sobretudo, pela ostentação de uma vida ocupada. Quanto mais atribulada a rotina, mais próxima do mundo dos ricos.

As razões para a falta de tempo se enquadram em três grandes grupos. São eles: os *criadores de um novo "eu"*, os *ocupados desocupados* e os *vencedores bons vivants*.

O primeiro time é mais comum entre os novos-ricos. Logo que se mudam para um bairro nobre e descobrem que pertencem a outro mundo, eles se dedicam à construção de um *novo "eu"*. Os homens arrumam novos amigos em clubes e precisam atualizar seus gostos com urgência para se adequarem aos ambientes exclusivos. Eles frequentam, com dedicação de monges tibetanos, as rodas de encontros com ouvidos atentos para atualizarem seus gostos de marcas de bebidas, modelos de carros e iates e roteiros de viagens. Desse modo, todo o tempo fora do trabalho regulamentar é tomado na formação de outra identidade, mais aderente à vida de rico.

Já as mulheres mantêm uma rotina voltada à administração das casas, ao cuidado com os filhos e a trabalho voluntário para os mais necessitados. Quando se acostumam à nova vida e passam a viajar com frequência aos Estados Unidos, a falta de fluência na língua inglesa vira um problema. Assim, logo se matriculam em cursos intensivos (com três horas de aula todos os dias) para adquirirem, com rapidez, uma caixa de expressões para as próximas incursões. Não sobra tempo para mais nada.

Os *ocupados desocupados* são mais comuns entre as elites tradicionais. É coisa de herdeiro. Já nos primeiros dias de campo fiquei surpreso com a quantidade de músicos, artistas plásticos, designers de joias, escritores, curadores de arte e marchands entre os ricos de berço. Sendo que a maioria não tinha sequer uma página escrita, um quadro pintado, uma exposição curada ou uma música composta para justificar o título profissional.

Para não correrem o risco de serem confundidos com desocupados, apelam para um trabalho sem cara de trabalho. Isto é, sem vínculos trabalhistas, sem patrão, sem horário a cumprir, sem metas a bater, mas suficientemente crível para justificar a agenda cheia.

O terceiro grupo, aquele no qual Adolfo se incluía, é mais recente, fruto da colonização da vida pela lógica neoliberal. As tradicionais narrativas de self-made man, comuns nas capas de revista dos anos 1990, ficaram para trás. Não interessam mais os ternos sisudos, a rotina de mandos, gritos e ordens no escritório, as discussões de trabalho sem fim. Agora, os homens de negócio desejam sucesso em todos os campos da vida.

O sonho é ser um *vencedor bon vivant*, aquele que batalha para manter um padrão de vida exclusivo às elites e para proporcionar conforto à família, mas tem tempo de usufruí-lo junto aos seus. Os *vencedores bons vivants* partem do princípio de que se você está se esforçando em demasia para realizar seus desejos de consumo e objetivos financeiros, mas não consegue aproveitar essas *benesses*, é sinal de que não está agindo do modo certo.

Há mais pistas de comportamento nesse balaio. A falta de tempo nos leva a refletir sobre outra dimensão que a ostentação de uma vida ocupada traz ao manejo da diferença das elites brasileiras. É por meio da indisponibilidade, do *sem tempo, irmão*, que eles se livram dos "de fora", dos estranhos ao seu mundo e decidem, de forma pragmática, com quem é válido conviver e quem precisa ser mantido longe.

Do mesmo modo que porteiros e vigias controlam a entrada e a saída das mansões onde os ricos moram sob o discurso do risco, as secretárias são peças fundamentais na definição de quem entra e quem sai das agendas dos endinheirados. É com a ajuda delas que eles se conectam com quem desejam, reforçam os vínculos com quem interessa e negam, sem titubear, quem não interessa encontrar. As similaridades entre secretárias e seguranças não terminam aí. Em geral, quanto mais importante e endinheirado se é, mais seguranças e secretárias se tem.

Tempos depois das negativas do tio Adolfo, Raquel me indicou outro conhecido — um importante empresário de uma rede de varejo brasileira —, um típico *vencedor bon vivant*. Citado com frequência na lista da *Forbes* por conta do patrimônio aproximado de 4 bilhões de reais, transformou um pequeno negócio em um império ao longo de muitos anos de trabalho e boas relações com políticos, banqueiros e industriais.

Depois de décadas à frente da companhia, passou a administração a um executivo contratado e, junto com os filhos, detém um lugar no conselho, de onde dá pitacos sobre os rumos do negócio.

Para gerir sua agenda ocupada, à época da nossa tentativa de encontro, o homem tinha três secretárias: uma para controlar os compromissos profissionais, como reuniões, almoços, viagens a trabalho e aparições públicas; outra para a vida pessoal, focada no agendamento de treinos com personal trainer, consultas médicas e psicológicas, exames e eventos na casa de São Paulo, na da praia, na fazenda e nos apartamentos em Nova York e Paris; e uma última para a gestão dos pagamentos de contas e impostos pessoais, dos empregados das casas, das compras e da manutenção das propriedades.

Sua mulher tinha apenas uma. A secretária ajudava na organização da agenda de encontros, na realização de eventos familiares e na compra de presentes em lojas de luxo para amigos e pessoas próximas, além de agendar exames e consultas, registrar os horários dos remédios, montar a lista de convidados dos jantares, entre tantas outras tarefas. O filho mais velho, mais envolvido nos negócios da família, tinha duas secretárias. Os mais novos, *ocupados desocupados*, uma cada.

Ainda no começo da pesquisa, dei uma longa entrevista para o jornal *Valor Econômico*, o maior veículo de economia do país. A reportagem tratava do impacto dos solavancos da economia sobre o consumo dos brasileiros durante os atribulados anos do governo de Dilma Rousseff.

No mesmo dia, recebi uma ligação da secretária do presidente da maior consultoria de negócios do país. A funcionária me pediu o contato da minha secretária para que pudessem organizar os detalhes de um almoço de negócios, a convite do presidente, no apartamento dele — uma cobertura no Itaim Bibi, em São Paulo.

Com a ingenuidade típica dos novatos, prontamente respondi que eu mesmo podia dar conta do arranjo, dado que não tinha secretária.

— O senhor não tem uma secretária para lhe ajudar?
— Não — respondi.
— Não tem ninguém mesmo?

— Nunca precisei — repliquei.

Então não interessa, deve ter pensado, dando o veredito, enquanto balbuciava qualquer asneira protocolar. A falta de uma assistente apta a gerir meus compromissos revelava que eu não era ocupado o suficiente, pelo menos à altura do presidente. Com uma só pergunta, ficou evidente a minha estrangeirice. Eu era um "de fora". A secretária cumpriu o seu papel. Acesso negado! Nunca mais me procurou.

Depois da primeira bateria de testes, entendi que precisava de uma secretária. Sem grana para tal firula, inventei uma. Criei um endereço de e-mail falso para Renata, uma jovem assistente apta a responder as demandas com prontidão e rapidez.

Quando um ricaço precisava marcar algum compromisso comigo, Renata entrava em cena. A secretária de lá buscava contato com a minha. Então eu saía da minha conta pessoal, entrava na do e-mail da personagem inventada e respondia com uma mensagem padrão: "Michel não pode. Não tem agenda. É muito ocupado. Vou fazer o possível para conseguir uma brecha na agenda".

10.
Jogo de cena

Raquel não desistiu de me ajudar. Enquanto fazia uma visita à casa de Olívia, na Suíça, conseguiu convencer a herdeira a ligar para outros amigos, "mais modernos, cabeça aberta, com menos preconceitos e mais disposição pra trocar ideia", Raquel repetia.

"Daqui a pouco você vai achar que eu não conheço ninguém, né?", me escreveu pelo WhatsApp, temendo algum dano a sua reputação.

Logo se lembrou de Roberto Macri. Começava ali minha jornada pela segunda bateria de testes impostos pelos endinheirados brasileiros a um "de fora".

Um dia, sem que eu esperasse, um número desconhecido apareceu na tela do meu celular. Atendi. Era a secretária de Roberto. Por achar que eu esperava ansiosamente pelo contato, a moça do outro lado da linha foi objetiva. Ela se identificou como a assistente pessoal do herdeiro de uma famosa fábrica de móveis do Sul, com centenas de lojas espalhadas pelo país.

Com o boom das grandes cidades na segunda metade do século XX, o avô de Roberto, fundador da fábrica, percebeu uma mudança no perfil dos consumidores brasileiros. O período, marcado por intensa urbanização, levou milhões de pessoas às grandes cidades em busca de um jeito moderno de morar.

Entre as maiores novidades, estava a modernização do mobiliário. Os antigos móveis de família, enormes, pesados e de madeira escura, mais lembravam o estilo de vida das avós do que o das famílias antenadas às tendências vendidas nas capas de revistas. Assim, cozinhas, quartos e banheiros ganharam móveis pensados milimetricamente para espaços diminutos, com design arrojado e cores claras. Cada nova pilastra posta de pé em um prédio em construção ativava as esteiras das fábricas no Rio Grande do Sul, preparadas para atender a demanda.

A família fez fortuna e, com frequência, repetia a história de empreendedorismo e sucesso em eventos e para a imprensa. Roberto era a cara e a voz dos Macri.

A secretária sugeriu um café da manhã na mansão do chefe na Cidade Jardim e me passou as direções. O bairro fica em uma região nobre de São Paulo, conhecida por casas escondidas atrás de muros altos e rodeadas por seguranças de terno, óculos escuros e maletas contra roubos, contra sequestros, contra estranhos. Apareci no dia e na hora combinados.

Suponho que os amigos e convidados do empresário fossem recebidos com mais cortesia. A mim, coube o resto. Toquei a campainha e um brutamonte, protegido em uma casinha de vidros fumê, respondeu:

— Senhor, o patrão tá na corrida. Senta aí na rua e espera.

Foi o que fiz. Atravessei a rua; fiz do meio-fio meu assento; da mochila, o encosto, e da garrafa de água, a companhia.

A cena perturbou a vigilância. Em menos de cinco minutos, homens armados no lombo de uma motocicleta brotaram na minha frente. Lembrei dos brutamontes 01 e 02 do aeroporto de Miami.

— O que você tá fazendo sentado aí?

— Tô esperando o dono dessa casa — respondi.

— Tá buscando emprego?

— Não, vim pra uma reunião.

— Reunião? Reunião? Sentado no chão aí? Rapá, não pode ficar aí não! Toma teu rumo.

Fiquei.

Resisti por trinta minutos, o tempo necessário para que uma carreata de carros pretos, com vidros filmados, embicasse em frente ao portão da garagem. Era o ricaço e sua equipe de segurança. Num lance orquestrado, rapidamente eles desapareceram com o fechar do portão. Não deu nem tempo de mais um gole de água.

Sob ordens, Zuleide, uma mulher negra de meia-idade, despontou no portão, vestindo uniforme e touquinha na cabeça. Com o dedo em riste, me convocou.

— Bora, patrão mandou chamar o senhor.

Entramos juntos.

Um largo caminho, com pedrinhas portuguesas beges, fazia um zigue-zague entre a entrada e a construção. De um lado, um gramado verde emoldurado por plantas tropicais lembrava aos visitantes que tudo ali tinha sido pensado nos mínimos detalhes. Do outro, um lago com vitórias-régias dava o tom da atmosfera da casa: serena, sem pressa, longe da confusão da maior metrópole da América do Sul.

A rapidez com que Zuleide me colocou para dentro me deu tempo de ver Roberto ainda na parte de baixo da mansão de mais de 2 mil metros quadrados. Com uma camiseta branca de tecido tecnológico e um short curto azul, ele usava uma faixa de pano ao redor da cabeça para impedir o suor de cair sobre os olhos. Ao modo dos protagonistas das comédias americanas, seus braços musculosos ajeitavam os cabelos molhados e ele tomava conta do ambiente. Havia aprendido, como poucos, a performar a diferença em cada ato.

O momento galã foi interrompido pela empregada. Preocupada com os níveis de hidratação do patrão, Zuleide organizava a champanheira de prata com um cardápio de bebidas funcionais. Nesse dia os escolhidos eram: Gatorade, água tônica, suco verde e água de coco.

Roberto pegou uma das garrafinhas e subiu as escadas sem me dirigir a palavra, como se eu fosse um dos móveis da sala. Sem graça com a atitude do patrão, a empregada tentou justificar a falta de educação mencionando o gasto de energia na corrida e me convidou a sentar em um dos sofás espalhados pelo enorme salão. Não surpreso com a cena, me acomodei e esperei pelos próximos acontecimentos.

Ao contrário do que ocorre na maioria das pesquisas antropológicas, de frente para um rico, o pesquisador é sempre a parte mais frágil da relação. Não é raro ter de conviver com "nativos" que estudaram mais, têm mais dinheiro, viajaram mais, foram a mais museus, falam mais línguas e fazem questão de marcar esse conjunto de diferenças o tempo todo. Caso você não entenda a cena, se for necessário, um rico saberá lhe mostrar quem é quem sem dó. Como apontaram Michel Pinçon e Monique Pinçon-Charlot, "um grande burguês sempre sabe se manter no seu lugar e colocar o sociólogo no seu, com uma polidez refinada, na maior parte das vezes, arma temível da dominação de classe".[1]

Esperei em um dos sofás de linho bege por mais de trinta minutos, sem qualquer explicação. Nem mesmo Zuleide saiu da cozinha para esboçar uma desculpa.

Só fui entender o desenrolar dos eventos quando o ricaço desceu as escadas com os cabelos empurrados para trás por uma camada brilhante de gel, camisa social azul-clara, calça cáqui e mocassim de couro italiano.

Em silêncio, passou a pouco mais de dois metros dos meus pés sem nem me olhar. Seguiu em direção a uma enorme mesa com frutas, sucos, iogurtes e a tal champanheira. Em ritmo cadenciado, ao som de uma playlist de música instrumental para ambientes classudos, levou a xícara Limoges e um pedaço de fruta à boca num pas de deux. Enquanto isso, Zuleide atravessava os salões, seguindo a sinfonia, indo de um canto a outro como se soubesse de cor as necessidades do patrão.

Vi tudo de longe. Roberto não me convidou para sentar junto dele à mesa e manteve-se calado. Seus atos me ensinavam que, no topo da pirâmide, fala-se mais quando não se fala. Seu silêncio gritava o abismo hierárquico que nos separava.

À primeira vista, me senti privilegiado pela chance de observar em detalhes seus comportamentos sem que ele temesse o meu olhar. No entanto, pouco a pouco, aquilo que parecia um ganho se transformou em um problema. De miradouro, senti minha poltrona de pesquisador se transformar num fosso, um buraco que revelava a distância entre o meu mundo e o do empresário.

O movimento ensaiado de Roberto lembrava um filme de Fellini. O cenário, a posição do protagonista diante da farta mesa e o cuidado da empregada, de tão absurdos, lembravam um enredo de ficção. Naquela produção, Roberto era o ator, o roteirista e o diretor e se esforçava com vigor para me manter no lugar de mero espectador — um agente passivo. Dentro da cena, mas sem qualquer papel ou função. Estava dada a mise en scène.

Diante do encontro com alguém "de fora" do grupo, os endinheirados mantêm um minucioso controle dos seus movimentos corporais e gestos, de como transitam pelo espaço e se posicionam. O intuito é deixar claro, de forma abrupta e opressiva, a própria diferença e gerar nos outros um sentimento de inadequação. Se você for capaz de se inserir na dança, com capacidade de prever os próximos passos, sem pisar no pé de ninguém, é um bom sinal. Você é um deles. Caso contrário, está fora.

Olívia ou alguém bem-nascido, habituado às altas rodas da sociedade brasileira, certamente encontraria uma brecha para entrar em cena como um igual e cobrar de Roberto o reconhecimento. Eu, não. Diante do teatro organizado, eu não sabia em qual sofá me sentar, como puxar conversa ou me valer de algum detalhe da decoração para mostrar algum ponto em comum, danei a especular sobre o que falar ou o que fazer: "Devo elogiar os quadros da casa? Pergunto se a moça junto dele no porta-retratos é sua esposa? Peço um *copo de água* a Zuleide como tentativa de contato? Canto a melodia da música ao fundo para mostrar meus conhecimentos sobre a obra de Heitor Villa-Lobos? Aponto para a foto de Roberto em Paris e lhe digo que morei por lá? Jogo na roda todo meu conhecimento sobre croissants, iogurtes e os benefícios de um café da manhã na dieta dos humanos ou fico quieto?".

Fiquei quieto. Roberto sacou minha estrangeirice, dominou o encontro e me impôs o lugar de dominado.

Se junto aos ocupados (como no caso Adolfo), o grande desafio era domar as secretárias, ali o mais importante era a capacidade de ler a cena, de se meter no roteiro com um papel viável e de compartilhar o controle da direção do espetáculo.

Foi quando, num sobressalto, o anfitrião visivelmente sem paciência se levantou e me dirigiu a palavra.

— *Bom dia* — disse sem qualquer emoção.

Sentou-se à minha frente, em uma poltrona mole, com uma elegância invejável. O blazer de tecido aflanelado, feito por um alfaiate da Vila Nova Conceição, bairro nobre da cidade, continuou sem nenhuma dobra mesmo diante do convite ao relaxamento do assento. Teso, com as pernas cruzadas e as duas mãos sobre os joelhos, seus olhos azuis miraram os meus como um canhão. Boom! Vieram os primeiros tiros.

— Bem... Michel, né? Eu tenho 25 minutos para o nosso encontro. Eu gostaria primeiramente que você me contasse sua trajetória para que nós possamos nos conhecer. Acho um bom começo. Outro ponto que me interessaria muito saber, e que não podemos deixar de falar, é claro, é sobre os seus interesses de pesquisa. É necessário que deixemos à mostra as nossas intenções para evitar problemas futuros. Não é mesmo?

Roberto me perguntou sobre minhas relações com Olívia e Raquel e a profissão dos meus pais. Ainda se interessou pela história da antropologia, pelos meus temas de pesquisa na graduação, na pós-graduação, no mestrado e no doutorado em andamento, e pelos meus planos para os próximos anos. E, quando o acaso oferecia uma brecha para uma pergunta, ele respondia de forma evasiva, como aprendera nos cursos de *media training* com os melhores especialistas do mercado. Isso não vai dar antropologia, pensei. O resultado foi pior. Não deu em nada.

Um alarme soou no celular dele. Roberto se levantou prontamente, com a mão em riste na minha direção, agradecendo a conversa. Antes de eu falar qualquer coisa, pediu desculpas e me desejou sorte na pesquisa. O motorista já o esperava na porta da sala. De novo, sumiu. Coube a Zuleide me oferecer um consolo.

— *Dr. Roberto é muito ocupado.*

Minha incapacidade de lidar com a diferença em cena me colocou fora do jogo. Fui descartado.

II.
Disputas

A esperança só morre depois que a curiosidade finda.

Sensibilizada com as minhas dificuldades e a minha resiliência a fracassos, Raquel apostou em uma última jogada. Era o xeque-mate. Ou eu tirava proveito de um vernissage na casa de um artista plástico em uma mansão em São Conrado, no Rio de Janeiro, ou não poderia mais contar com sua ajuda.

O jovem artista era filho de um bilionário da indústria da beleza e, por volta dos trinta anos, decidiu romper com o destino. Assim como aconteceu com seu avô, com o pai e os tios, esperava-se dele dedicação à empresa da família. Pedro fez o caminho pela metade. Depois de terminar seus estudos em uma prestigiada escola de negócios nos Estados Unidos, jogou no lixo o investimento do clã em nome de uma dita vocação para as artes. Seu desejo de ser um *ocupado desocupado* falou mais alto.

Depois de anos, Pedro convidou alguns amigos próximos para um vernissage com champanhe e quitutes de uma famosa banqueteira carioca, servidos por garçons embalados pelo tuc tuc de um DJ de música eletrônica à beira da piscina curvilínea da mansão. Entre os convidados estavam Raquel, que me levou a tiracolo, e parte da elite carioca.

Os ricos, sejam eles emergentes ou tradicionais, quando estão diante de outros ricos, passam o tempo contando sobre as maravilhas da própria vida, como se quisessem provar aos outros, e a si mesmos, que são o que dizem ser. Nessas horas, pululam relatos de festas, viagens e experiências daquelas que só o dinheiro, ou melhor, muito dinheiro, é capaz de comprar.

De início, a disputa deu-se sobre quem tinha ido mais longe no globo. Cansados de Paris, Nova York, Milão, Londres e Roma, diziam curtir roteiros "off", fora dos padrões rotineiros.

Pouco acostumado com aquela conversa, eu acompanhava o assunto com o Google aberto no celular. E diante de um novo destino, saía em busca de uma resposta para não ficar tão deslocado.

— Eu amo o deserto de Gobi. Fizemos uma viagem ótima pelas dunas em uma Land Rover, com um motorista mongol — dizia um deles enquanto eu descobria os quilômetros e quilômetros de dunas entre a Mongólia e a China.

Até que outro se contrapôs ao gosto do colega com um novo favorito: o deserto da Namíbia, conhecido pelas altas montanhas de areia vermelha, com mais de trinta metros, e pelos milhares de árvores milenares, secas, por conta dos obstáculos impostos pelas dunas à chegada da água.

Quando cansaram dos fins, começaram a disputar os meios. A questão passou a ser qual era a melhor primeira classe disponível no mercado.

— Emirates, Qatar ou Singapore Airlines?

— Ah, nada bate o serviço da Qatar. A aeromoça tá lá, durante as quinze horas de voo, de Guarulhos a Doha, disposta a te servir. Já imaginou isso?

— Isso só na casa da gente — defendeu uma convidada, contrariando o colega apaixonado pela carta de vinhos franceses oferecida pela Emirates.

Os rituais de disputa de vantagens, centrais nos encontros entre endinheirados brasileiros, são mais do que uma batalha mesquinha, vil, entre quem pode mais. Eles são o terceiro e derradeiro teste de reconhecimento. São momentos importantes, uma vez que os participantes têm a chance de narrar a si mesmos, ouvir, medir as distâncias e, por fim, compreender os pontos em comum e os contrastes que os separam. Dali surgem as réguas de avaliação em relação aos "de fora" e quem está apto a fazer parte dos seus círculos.

Enfrentei três desses testes naquele vernissage. Primeiro, os endinheirados medem até que ponto os outros compartilham dos mesmos gostos. Depois, buscam oferecer pistas sobre pessoas importantes do seu círculo de relações para medir quem é capaz de captar de quem se fala. Ao final, avaliam o nível de prontidão, quanto cada um está pronto a viver uma experiência qualquer sem precisar se preocupar com impeditivos comuns, como falta de tempo ou de dinheiro.

Na casa de Pedro, me safei da primeira isca pelo pouco que eu sabia sobre o universo das artes. Não sou nenhum expert no assunto, mas tenho amigos marchands, artistas, jornalistas de cultura e, vez ou outra, me meto nos salões silenciosos dos museus. A proximidade com gente da área, junto ao meu interesse pelo tema, me deu um saber frágil, fragmentado e raso, mas o suficiente para comentar o trabalho dos pintores e performers famosos. Nada mais do que isso.

Não demorou muito, Pedro se aproximou de mim na sala da casa, ansioso para investigar o meu interesse por sua coleção. Tive sorte. Por ter elogiado o trabalho de Milhazes no hall de entrada; citado a belíssima galeria de Adriana Varejão em Inhotim, em referência à obra da sala; lembrado de quando Francis Alÿs — projetado no escritório — tomou o terceiro andar do MoMA, em Nova York, numa exposição individual capaz de chacoalhar a cabeça e tirar o sono dos visitantes; percebido que o dobrável sobre a mesa de canto era mais do que um origami de metal japonês, e sim um bicho de Lygia Clark; e me fascinado pelas cores dos Grubers espalhados pela sala de jantar, Pedro me aprovou e permitiu que eu passasse à próxima sala.

Surpreso, ele confessou como dividia as obras pelos cômodos. A distribuição seguia uma progressão. Quanto mais público o espaço, mais conhecido pelas massas era o artista. Os nomes exclusivos ficavam em lugares mais privados.

Na casa de São Conrado, a disputa era sobre o conhecimento do mundo das obras de arte, mas, a depender das preferências do contexto, a rinha pode ser outra, como marcas de bolsa, relógios, destinos de viagem ou rótulos de vinhos. É preciso dominar muitas arenas para sobreviver.

Ouvindo minha conversa com Pedro, Rebeca, uma jovem advogada, me atirou dentro de uma nova leva de testes: a das relações. Decidiu se meter no papo e desfiar o nome de todos os seus amigos ricos, colecionadores, artistas e pintores famosos, como se tivesse certeza de que eu também os conhecia. O Joaquim a quem ela frequentemente se referia era Joaquim Monteiro de Carvalho, membro de uma das famílias mais tradicionais do Rio de Janeiro; a Betina era a de Luca, então namorada do Joaquim por anos; o Waltinho era Walter Salles, de quem ela sentia saudades desde os tempos em que frequentava a casa da família na Gávea, com os avós; o Zé era o renomado cineasta José Padilha, diretor do filme *Tropa de elite*, que levou multidões às salas de cinema. Sem falar no Edgar, *o Grande Edgar*, marido da Maria — a atriz Maria Clara Gueiros —, pai do Greg e ex-marido da Olivia, para se referir a Edgar Duvivier e a Olivia Byington, pais de Gregório Duvivier.

Para testar o quanto os indivíduos estão de fato inseridos em seus círculos de relações, sem ninguém esperar, os ricos desandam a citar pessoas amplamente conhecidas, seja pela fama ou pela família, apenas pelo primeiro nome ou pelo apelido, certos de que saberemos de quem falam. É sob a lógica do "digo, mas não digo", do "conto, mas não conto tudo", que seguem mapeando o quanto alguém está enturmado entre os endinheirados da cidade.

Quando contei essa história a uma jornalista de São Paulo, com amplo trânsito entre empresários bilionários, ela gargalhou.

— Querido, você enfrentou a batalha mortal do *dropping names*! Se prepare, qualquer dia eles te jogam no ritual do *dropping numbers*. É terrível.

O *dropping numbers* segue um caminho parecido, só que com os cifrões. Os ricos dizem administrar, gastar, receber, pagar, investir quantidades absurdas de dinheiro, e no momento em que as falam observam a reação dos interlocutores. Notam se os últimos lidam com as quantias estratosféricas com naturalidade, sem maiores surpresas, ou se espantam-se, revelando a estrangeirice.

No encontro com os amigos de Raquel, perdi no *dropping names*. E se tivessem me testado no *dropping numbers*, teria perdido também. De todo modo, a competição estava empatada. Ganhei a primeira rodada, perdi a segunda e segui. Até chegarmos ao derradeiro desdobramento da disputa de vantagens, a batalha final: o teste de prontidão.

Com o cair da noite, os amigos se reuniram ao redor de uma enorme mesa de madeira de lei com doze cadeiras. As luminárias italianas, vintage, davam um tom aconchegante ao lugar. A tensão se instaurou quando o papo entrou na onda do *Partiu? Partiu Londres no carnaval? Partiu Paris no Natal? Partiu Trancoso no réveillon? Partiu jantar no Fasano amanhã à noite? Partiu quarta-feira em Angra, na ilha do Beltrano? Partiu pedir mais uma caixa de Veuve Clicquot? Partiu, partiu?*

Partiu? é mais do que um convite à experiência, é uma arma a serviço do teste de reconhecimento. Nessa etapa, os ricos buscam mapear a disponibilidade financeira e quanto os impeditivos de tempo, os compromissos com a rotina, o trabalho e a família são capazes de brecar a liberdade de alguém.

No manejo da diferença, o teste derradeiro serve como expressão de uma crença: quanto mais rico alguém é, menor é a distância entre o desejo e a realização.

O inquérito, em tom de brincadeira, continuou pela mesa. Como se fosse um cigarrinho a passar de boca em boca, todos, seguindo a ordem da disposição das cadeiras, escutavam as perguntas e respondiam sem titubear: *Partiu!* Com exceção de mim e do namorado de uma das herdeiras da festa com pinta de personal trainer.

Por mais que nós dois estivéssemos dispostos a mentir dizendo *sim, sim, sim!*, uma hora a coisa ficou séria. Um dos amigos tirou um laptop da mochila, cada um dos presentes sacou um cartão de crédito da carteira e a compra da próxima viagem começou ali mesmo. Nessa hora, eu e meu confrade de pobreza perdemos a saída retórica e a chance de continuar na disputa. Alegamos falta de tempo por questões de trabalho, mas todos sabiam que não tínhamos um tostão para bancar aquela loucura.

O constrangimento foi grande. Eu não sei o que foi dito sobre mim, mas o comentário sobre o namorado da amiga foi uníssono:

— Laura tem um dedo podre terrível pra homem. Só pega *uns pés-rapados, durangos, sem futuro.*

Fim de festa. O placar da noite foi 2 a 1.

Na volta para casa, eu e Raquel permanecemos em silêncio. Não havia mais papo. Acesso negado. A última oportunidade tinha ficado para trás.

12.
Entre

Eu seguia na encruzilhada: como eu, um *reles mortal*, seria aceito entre os ricos brasileiros sem que, com a ajuda dos deuses, enriquecesse da noite para o dia? Foi quando me dei conta de que, nas altas rodas, ou você é rico, ou trabalha para um. Não há espaço para outra coisa.

Os empregados são "aceitos" nas altas rodas em razão das suas habilidades profissionais. "Aceito" assim, entre aspas. Devem fazer parte da cena sem serem vistos, desde a hora em que cruzam a porta das mansões até a hora em que vão embora.

Bons são o garçom que serve sem atrapalhar a conversa; a empregada com habilidade de atravessar os cômodos mais íntimos da casa sem ser notada; os seguranças e porteiros atentos ao movimento das ruas, fiéis aos donos, mas escondidos atrás de óculos e vidros escuros; as cozinheiras, copeiras e governantas com capacidade de encher as geladeiras com os melhores produtos e preparar jantares espetaculares na surdina. Bons são aqueles que fazem os ricos se esquecerem do exército de funcionários em atividade na cozinha, do tempo perdido nas filas dos supermercados, das pilhas de louça sobre a pia e do fato de que pratos sobre pratos, talheres enfileirados e taças em ordem não brotam nos salões como jurubeba no mato.

São muitas as estratégias usadas na invisibilização dos funcionários. Para se tornarem invisíveis, os empregados precisam ser tão parecidos entre si, mas tão parecidos, que acabam por desaparecer na paisagem. Daí a importância dos uniformes e do treinamento dos novatos.

Antes de enfrentarem o dia a dia junto aos endinheirados, *de roupinha de empregado*, os novos funcionários são orientados pelos mais antigos sobre as regras da casa. Ninguém sai da cozinha, se dirige ao patrão ou serve a família sem atravessar uma bateria de treinamentos e enfrentar a vigilância constante dos mais antigos. É nesse momento que se aprende se os donos da casa preferem suco de abacaxi ou laranja pelas manhãs, pão francês branquinho ou cascudo, flores do campo ou rosas vermelhas nos arranjos ou se só tomam refrigerante aos finais de semana.

Outra estratégia é o apagamento dos nomes. Com exceção dos funcionários mais antigos, os "quase da família", em geral os endinheirados não sabem quem os serve. Apesar do convívio diário, é comum que os chamem de *menino, faz favor?*; *menina, preciso da sua ajuda, por gentileza*; *querido, você mesmo, pode me ajudar?*; *queridinha, me salva aqui!* E nos casos mais extremos nem perdem tempo em identificar a quem dirigem o pedido. Apenas dizem o que necessitam.

O hábito é antigo, mas resiste. Foi desse modo, aliás, que o ex-presidente Fernando Henrique Cardoso aprendeu com seus pais e avós a tratar os serviçais. Filho de uma família tradicional de militares, com estreitas relações com as elites do poder desde os tempos do Império, em seu livro de memórias o político lembra que coube à ex-primeira-dama Ruth Cardoso o papel de lhe ensinar a pedir um copo de água como uma pessoa comum.[1] Até então, quando precisava se hidratar, ele só se preocupava em dizer "tenho sede". Repetia: "tenho sede". E rapidamente um empregado de uniforme, sem nome, corria para o servir.

Por mais que os ricos façam de tudo para não verem seus empregados, não podemos esquecer que, no mundo deles, quem não é visto, vê — e muito. As dificuldades que eu enfrentei para entrar no mundo dos ricos despertaram meu interesse pela visão dos invisibilizados. Afinal, as secretárias eram as guardiãs das agendas; as empregadas, as sempre aptas a me receber nas salas de estar dos apartamentos; os motoristas e pilotos de helicóptero, os responsáveis por levar os milionários de um canto a outro; os cerimonialistas, os atentos às aflições das famílias na organização de grandes eventos; os seguranças das guaritas, os grandes conhecedores do ir e vir dos moradores e dos visitantes. E as vendedoras dos shoppings eram as pessoas com maior capacidade de criar teorias sobre a diferença entre o gosto dos emergentes e o gosto dos ricos tradicionais.

Abandonei a agenda dos amigos de amigos ricos e fui em busca das empregadas da família X, dos motoristas dos Y, da assistente pessoal de Beltrano, do agente de viagens de Sicrano, do alfaiate de Fulano e dos arquitetos, designers e cerimonialistas responsáveis pelas festas nababescas das altas rodas.

O caminho metodológico fazia sentido na teoria, mas foi um tormento colocá-lo em prática. O medo dos ricos brasileiros de serem sequestrados ou surrupiados pelos "de fora" fazia com que os empregados temessem dar qualquer informação sobre a vida dos patrões. Por mais que eu explicasse que se tratava de uma pesquisa de doutorado, que não me interessavam os nomes, os detalhes individuais ou os endereços dos empregadores. Quando muito, me contavam anedotas.

Lurdes me encontrou em uma padaria na Vila Nova Conceição, perto do apartamento onde trabalhava como copeira da viúva de um advogado importante — desses com obituário nos jornais, luto de três dias e manifestações dos políticos.

Cheguei até ela por indicação do seu filho, um jovem com pouco mais de vinte anos, publicitário, primeiro a conquistar um diploma na família. Sensibilizado com a minha dificuldade, Paulo, um ex-aluno, indicou a mãe para uma entrevista. Ela, por amor ao filho, topou, mas me deixou a ver navios quando se viu diante da bateria de perguntas.

Entre falas monossilábicas e histórias pitorescas sobre os mais de trinta anos de trabalho, seguiu o padrão dos patrões e só falou sobre o que quis. O problema é que o dito não dava pesquisa, muito menos livro. No máximo, renderia um *stand-up comedy*.

A viúva, patroa de Lurdes, tinha ares de sinhá. Tratava os empregados como coisa, restringia o trânsito pela casa ao posto de trabalho. O lugar de Lurdes era a cozinha. Com exceção das vezes em que fazia bico de termômetro.

A patroa calculava a variação da temperatura na cidade de São Paulo pela quantidade de empregadas que levava junto de si ao banheiro. Mesmo em plenas condições de saúde e com os músculos fortes pelas sessões de fisioterapia e pilates, há anos a mulher só tomava banho sendo aguardada do lado de fora do box por empregadas ágeis, capazes de secá-la com rapidez. Nos dias quentes, uma só era suficiente. No inverno Lurdes se juntava ao time, já que mais braços e mais toalhas a fariam sofrer menos com o frio.

Não raro, no telefone com amigas, sem nenhuma vergonha, a patroa comentava: "Fulana, São Paulo virou uma geladeira. Estou precisando de duas empregadas para me secar todos os dias. Se as coisas continuarem desse jeito, terei de levar três".

Em pleno século XXI, a sinhá não sentia sua privacidade invadida pela presença das empregadas porque não as via como gente, mas como braços a lhe servir. Sem medo, os ricos se sentem à vontade para tratar de assuntos impublicáveis, compartilhar intimidades, brigar ou trocar segredos sob a presença dos funcionários. É como se ninguém estivesse ali.

Mas há outro tipo de empregado: os de primeira classe, vistos como detentores de um saber importante na operação da diferença à brasileira. Desses, eles sabiam os nomes, procuravam por dicas e diziam ser próximos. São "os especialistas".

Abriu-se mais uma alternativa: e se eu virasse um deles?

13.
A especialista

Helena Martins ganhou fama entre os milionários por seus poderes mágicos. Com bordados, paetês, flores do campo, taças de cristal, lustres Baccarat e muito tafetá, conseguia trazer para o verão do Brasil o clima dos bailes da corte europeia dos Oitocentos. Não por acaso, a elite do Rio de Janeiro, mesmo aqueles sem nenhuma ligação com os Orleans e Bragança, pagava caro pelos seus serviços. Queriam ter acesso, por um punhado de reais, aos rococós do último baile do Império.

Helena nasceu em uma família de classe média baixa em Itaquera, na Zona Leste de São Paulo. Filha de um motorista de caminhão e de uma dona de casa, fugiu para Londres na hecatombe provocada pelo Plano Collor, no começo da década de 1990. Na terra da rainha, fez de tudo. Foi garçonete, lavou pratos, entregou folhetos nas esquinas (*we buy gold/ we sell gold*) e foi auxiliar em cozinhas de restaurante até assumir o cargo de Guest Relations Officer em um hotel cinco estrelas da cidade.

Anos depois, já de volta ao Brasil, ela montou um serviço de treinamento para governantas, mordomos e cerimonialistas interessados em atender clientes de alto padrão. Deu certo. A elite paulistana, os cariocas saudosos da corte, os agromilionários, os senhores de engenho dos tempos de outrora enviavam seus funcionários para as suas aulas.

Helena era uma especialista. Estes são sujeitos que, devido ao seu conhecimento e habilidade de atender os desejos e as necessidades dos endinheirados, transitam pelas altas rodas com total liberdade. A capacidade de ir e vir, de viver lá e cá, de pular as muralhas do universo das elites sem deixar rastros, é o que os torna poderosos.

O poder vem justamente de um trânsito duplo: intragrupo e intergrupos. Primeiro, são valorizados pelo relacionamento com as várias elites (econômicas, culturais, políticas) e pela capacidade de atualizar seus clientes sobre *o que está na moda, o que se está usando* e *o que não pode faltar em sua vida*. Eles informam e formam o gosto dos ricos. Por outro lado, o fato de não terem nascido em berço de ouro também lhes é útil. Por meio da experiência acumulada sobre o que se passa com os "de fora", entre as camadas médias e os mais pobres, eles atualizam os endinheirados *sobre o que se pode e o que não se deve fazer, sob o risco de serem confundidos com um qualquer*.

Sabendo da fama, Renata, minha secretária inventada, pediu uma reunião com a especialista. Eu consegui.

Encontrei uma mulher alta, magra, de cabelos longos e lisos em frente a um hotel de luxo em São Paulo. Helena tinha pressa, estava muito ocupada, mas, por bondade ou pena, tinha se sensibilizado com as minhas dificuldades e topado me encontrar.

A empatia durou pouco. Ela não me deixou falar. Entre uma careta impaciente e olhadas no relógio, resumiu a nossa conversa a um conselho.

— Posso falar o que eu acho? Eles sabem que você não sabe nada, querido. Não sabe nada. Quem vai perder tempo com alguém como você? Vai, me diz. Quem? Estuda, garoto!

14.
Estuda, garoto

Diante do imperativo, cabiam a mim duas opções. Ou recitava a quantidade de diplomas conquistados mundo afora, ou tomava a bronca como uma ordem. Foi o que fiz.

No dia seguinte, assinei cinco revistas sobre o dia a dia das elites (*Caras*, *Marie Claire*, *Elle*, *Vogue* e *Casa Vogue*). Tornei-me leitor assíduo de colunas sociais e dos blogs de Hildegard Angel, Lu Lacerda e Joyce Pascowitch para mapear os personagens com maior destaque na *high society*. Mergulhei nos arquivos de notinhas de Zózimo Barrozo do Amaral, maior jornalista desse métier, e decorei dezenas de sobrenomes de desde quando os Orleans e Bragança, os Monteiro de Carvalho, os Trussardi, os Barros da Silva e os Marinho figuravam no panteão da tradição da cena nacional. Fiz uma varredura bibliográfica dos livros que alguns membros das elites tinham escrito sobre eles mesmos. No final, descobri que a solução era voltar para a escola.

Guiado por minha intuição, quase dois anos depois do almoço com Mário Jorge e Claudette, e dos sucessivos encontros fracassados com os endinheirados brasileiros, ao modo dos ricaços, parti para Londres (sim, entrei na lógica do *Partiu? Parti!*). Àquela altura, apesar dos endinheirados brecarem a pesquisa, só por estar perto, quase por osmose, obtive alguns ganhos financeiros.

A antropologia lhes parecia uma ciência exótica, pouco conhecida, e por conta disso valorizada em seus círculos. Por mais estranho que possa parecer, os ricos me negaram entrevistas, mas me convidaram para coordenar grupos de leitura sobre os autores clássicos da disciplina.

Os encontros aconteciam na sala de jantar das mansões, para no máximo quinze alunos dispostos a passear pelo mundo dos autores fundadores da antropologia. Em troca, eu ganhava por encontro mais do que a minha bolsa de doutorado. A grana foi inteiramente investida na pesquisa. Os primeiros recursos me ajudaram a cumprir os conselhos de Helena. *Partiu Londres.*

Encontrei um curso de gestão de marcas de luxo na Europa e comecei um curso de *cool hunting* na Saint Martins, importante centro de moda e tendências de comportamento. Do Reino Unido, a cada duas semanas cruzava o canal da Mancha e ia a Paris ter aulas com intelectuais e executivos da indústria do luxo — entre eles Gilles Lipovetsky e Pascal Portanier, dois figurões.

Pouco a pouco, a duras penas, adquiri uma coleção de diplomas em universidades internacionais no meu currículo, pagos em módicas parcelas no cartão de crédito financiadas pelas aulinhas de teoria antropológica. Gradativamente, pelas redes sociais, fui sendo percebido como alguém estudado, com amigos espalhados pelas principais capitais do planeta — símbolos valorizados pelas elites brasileiras.

Foi quando, de volta ao Brasil, Claudette me procurou.

15.
O antropólogo do luxo

— *Darling*, quanto tempo! Só vejo pelas redes sociais que você não para, não para, não para, não. Tá igual aquele funk. Chique. Olha... Tá no Rio, nos *States* ou na Europa? Eu e Mário Jorge vamos ver uns amigos hoje. Aparece lá pra contar pra gente o que anda acontecendo na gringa. Chique!

Eu fui. O jantar aconteceu no restaurante Gero, numa rua pouco movimentada da Barra da Tijuca. O paulistano Grupo Fasano, conhecido pela sofisticação do seu cardápio e ciente do crescimento vertiginoso dos milionários no Rio de Janeiro, abriu uma unidade na cidade. Todas as noites, dezenas de carros importados tiravam o sono dos manobristas. Não só por conta da montanha de dinheiro a ser gasta caso qualquer acidente acontecesse, mas, em especial, pela quantidade de recomendações vindas dos proprietários assim que entregavam a chave de seus carros na mão dos funcionários.

Numa carreata de carros brancos de altíssimo padrão, com vidros pretos e faróis acesos, Claudette, Fefê Gomes, Lelê e Lu Soares, e seus maridos, embicaram na calçada do restaurante. Em poucos minutos, o grupo se organizou em uma mesa ao fundo do restaurante. Mulheres de um lado, homens do outro — um déjà-vu do encontro na varanda do Meat Market, em Palm Beach, anos antes.

O termo "emergente da nova era" foi cunhado pela colunista

social Hildegard Angel para explicar o fascínio por fama, consumo e polêmicas de figuras como Vera Loyola. Nos anos 1990, Vera era famosa pelo cabelo loiro pintado, pelas joias douradas e por fazer festas de aniversário nababescas para sua cachorra Pepezinha — uma pequinês com ares de dondoca —, com o dinheiro vindo da sua rede de motéis e padarias na Zona Oeste da cidade. Como Mário Jorge e Claudette, Vera era uma empreendedora com tino para os negócios. Bem mais jovens, meus amigos dessa noite faziam parte da segunda geração de novos-ricos da cidade. Não tão preocupados em aparecer nos telejornais ou em capas de revistas para serem aceitos nas altas rodas. O que lhes ouriçava era registrar cada segundo de sua vida luxuosa para compartilhá-la nas redes sociais.

Enfrentei as três horas do jantar com ouvidos atentos à conversa sem saber se eles se divertiam ou brigavam. Isso porque entre risinhos e afagos, com muita diplomacia e afeto, o papo seguia aquilo que o antropólogo Rolf Malungo, em pesquisa sobre masculinidade, chama de "lazer agonístico". Além de diversão e descanso, jantares como aquele também são o momento em que os endinheirados entram em batalhas para definir quem é quem.

Naquela noite, entre petiscos e brindes, disputou-se a quantidade de funcionários das empresas de cada um dos homens, o ano dos carros, a metragem dos apartamentos, a quantidade de idas a Miami, o preço das propriedades de cada um nos Estados Unidos, quem ficou rico primeiro e mais rápido.

Se os homens se embrenhavam em disputas de grande porte, com a importância de uma grande guerra, as mulheres apostavam em conflitos mais sutis. Como, por exemplo, as escolhas em torno das atividades de lazer, do desempenho dos filhos na escola, mas, especialmente, das compras feitas por cada uma.

Claudette, mais uma vez, assumiu o papel de instrutora e se interessou em me explicar os porquês das suas preferências.

— Michel, a gente gosta de comprar. Mas, você sabe. Bom mesmo é comprar em Miami. Aquilo é uma maravilha. Vamos com a gente?

As novas ricas abriram a brecha que a entrada no mundo dos ricos exigia. Se os diplomas, sozinhos, não tinham tido força para me catapultar, era de se esperar que, a partir da junção do conhecimento adquirido a alguma experiência de campo — a união entre teoria e prática —, eu conseguisse me firmar numa posição liminar entre os "de dentro" e os "de fora", assim como outros especialistas.

— Vamos — respondi sem saber onde arrumaria os dólares.

Em fevereiro de 2012, quase dois anos depois do meu primeiro encontro com Mário Jorge e Claudette, embarquei em um voo ao paraíso dos magnatas para viver uma semana de hotéis, restaurantes, outlets e parques temáticos. Foram dias cansativos, mas que me deram um bom material para pensar. Trato dos detalhes dessa viagem nas próximas partes deste livro.

De volta ao Brasil, organizei as notas de campo e as apresentei para alguns especialistas e jornalistas. Fui, então, convidado por uma revista de negócios, lida por grandes executivos, para falar em um colóquio sobre os dilemas culturais das empresas de luxo ao adaptarem suas estratégias para as terras brasileiras. Mesmo que eu ainda não conhecesse muito bem o universo dos ricos e seus códigos culturais, minha participação teve boa repercussão e gerou frutos.

Helena Martins, a especialista das festas grã-finas de São Paulo, me convidou para dar aula em um dos seus cursos e divulgou nas redes sociais um pequeno vídeo no qual elogiava meu conhecimento sobre o comportamento das elites. "Não preciso nem apresentar essa gracinha, né? É o nosso antropólogo do luxo. Antropólogo do luxo! Tão novo, tão antropólogo, tão luxo."

A viagem com as ricaças da Barra da Tijuca impactou minha vida. De uma hora para outra, jornalistas, artistas, empresas, gerentes de marcas de luxo espalhados pela América Latina começaram a defender o conhecimento que supunham que eu tivesse sobre o comportamento das elites econômicas no Brasil. Virei um especialista.

Da noite para o dia, por conta do papel de antropólogo do luxo, eu sabia a diferença entre os modelos das bolsas Hermès, conhecia tipos de caviar, pescava com facilidade o sobrenome de famílias tradicionais e já não me satisfazia mais com qualquer espumante. Bebia Salton — vinho brasileiro do tamanho do meu bolso — com saudades das garrafas de champanhe servidas aos convidados milionários nas noites do grand monde.

Não por acaso, vira e mexe, me perguntavam:

— Michel, depois de conviver tanto tempo com os milionários, não subiu à cabeça? Você não ficou afetado?

Respondia como respondo sempre:

— Sim. Ainda bem que eu fiquei afetado. Sem isso, não teria sido aceito.

"Ser afetado" no trabalho de campo com as elites é se arriscar pelas mesmas encruzilhadas dos habitués das altas rodas. É apostar que a própria vida pode ser transformada pelas disputas, alianças e os acordos selados pelos seus interlocutores de pesquisa. É aceitar que a cisão entre "dentro" e "fora" pode ser temporariamente suspensa se formos capazes de reconhecer as regras do jogo. É experimentar as intensidades do campo "como uma força anônima, com um 'isso' vindo de onde não se sabe", como nos ensinou a antropóloga Jeanne Favret-Saada em suas pesquisas sobre feitiçaria na França rural. É assumir o compromisso de me deixar "afetar pelas mesmas forças que afetam os demais para que um certo tipo de relação possa se estabelecer, relação que envolve uma comunicação muito mais complexa que a simples troca verbal a que alguns imaginam poder reduzir a prática etnográfica"[1] — como fez o antropólogo brasileiro Marcio Goldman.

Assim, pouco a pouco, deixei de lado minha condição de estrangeiro e apostei na metamorfose. Para observar, entrevistar e conviver com os milionários e bilionários brasileiros, precisei me submeter a um intenso processo de autotransformação, a fim de burlar os esforços dos endinheirados para brecar minha entrada nas altas rodas. Eles aceitaram a presença daquilo a que fui obrigado a me tornar. Foi uma transformação sem volta, com impactos visíveis na maneira como me visto, nos meus desejos de consumo, na minha rotina de trabalho e nos meus vínculos de amizade.

Semanas depois de voltar da viagem com as ricaças, vestindo mocassins marrons, calça bege, óculos de tartaruga e blazer azul-marinho com botões dourados comprado em Miami, me sentei em um bistrô francês com a jornalista Angela Klinke. Naquele momento, ela assinava uma coluna sobre mercado de luxo e comportamento dos ricos brasileiros. Suas matérias tinham impacto e eram lidas por empresários e também por madames ávidas de saber como outros milionários gastavam suas fortunas.

O texto baseado na nossa conversa foi publicado na semana seguinte. Foi um estouro. Eu me surpreendi pela elegância com que Angela tratou os dados da pesquisa, mas também pela forma enfática com que me apresentou como um grande especialista do mercado de luxo. A ponto de a máscara de antropólogo do luxo grudar na minha pele.

Poucos dias depois, Mariana Filgueiras, jornalista d'*O Globo*, aproveitou minha ida ao Rio de Janeiro para me convidar para um café. Ela deixou nosso papo com a certeza de que o diálogo tinha fôlego para virar uma matéria grande. Dito e feito. O veículo mandou uma fotógrafa para o Forte de Copacabana. Vestido do personagem, com o mesmo blazer azul-marinho e a mesma calça bege, me sentei numa muretinha e posei para a foto. Ali, provei que minha fantasia era capaz de suportar as altas temperaturas do inverno carioca e de resistir a situações de estresse, tensão e suor.

Para minha surpresa, a matéria ocupou quatro páginas da revista de domingo do jornal. No miolo, estava a entrevista com minha foto e uma manchete enorme: "A cidade ainda é partida — Antropólogo analisa por seis meses a rotina de consumo de luxo de grupo de cariocas da Barra e da Zona Sul". Foi um burburinho na cidade.

Enquanto me equilibrava entre a fama instantânea e a necessidade de me agarrar às oportunidades para dar cabo da pesquisa, meu celular começou a tocar insistentemente. Um número desconhecido, de fora do país, apareceu na tela. Do outro lado era Olívia, a herdeira de Genebra.

— Michel do céu, conta pra mim! O que tá acontecendo? Meus amigos não param de me ligar, dizendo que você tá em todos os jornais do Brasil. Eu quero te fazer um convite. Venha a Genebra me visitar. A gente conversa.

O que aconteceu por lá, você já sabe.

Terminei de narrar minha trajetória a Marc Henri em um longo passeio pelas ruas da cidade suíça, depois de deixarmos o centro histórico. Surpreso, ele sacou:

— Vou insistir pela última vez: então, você foi aceito?

— Não. Quem foi aceito foi o tal do antropólogo do luxo — respondi.

III
As coisas de rico

16.
Nem tudo que se vê, é

Acordei com o celular travado pela quantidade de mensagens. Por um triz, não contratei uma secretária de verdade.

As matérias do *Valor Econômico* e do jornal *O Globo* repercutiram. Os ricaços de outrora reapareceram agoniados por retomar as relações. E, junto deles, uma horda de herdeiros ansiosos para descobrir como a antropologia tinha virado coisa de rico.

Olívia me enviou flores. Mário Jorge e Claudette postaram fotos do nosso encontro no restaurante de Palm Beach. O artista do vernissage do Rio me pediu dicas de como pescar a clientela grã-fina. Sem contar o exército de bem-nascidos afoitos por conquistar minha atenção.

Dali em diante, empresários, organizadores de eventos beneficentes, editores de revistas de luxo, consultores e senhoras da alta sociedade passaram a exigir minha presença em seus eventos. "Venha!", diziam no modo imperativo.

Neguei a maioria. Por birra e porque já tinha aprendido o quanto era importante me mostrar ocupado. Mas um dos pedidos eu aceitei.

Topei passar uma semana enfurnado em um hotel boutique em São Miguel dos Milagres, a cem quilômetros ao norte do aeroporto de Maceió, onde uma multinacional de alimentos reservou trinta bangalôs à beira-mar para seus executivos. Fui contratado para dar uma palestra sobre tendências de comportamento e para auxiliar a alta direção da companhia na definição do plano estratégico para os próximos anos.

Ganhei pelo trabalho, mas tomei o convite como oportunidade de conviver com parte da elite econômica do Brasil e da Europa por uma semana. Ao contrário do que eu imaginava, nem à beira de um mar turquesa, entre coqueiros e palmeiras, os homens de negócio abandonam o crachá da firma. O avatar dos CNPJs trabalha mais do que o do CPF.

Sem perspectiva de melhora, enfrentei o tédio da semana enfiado na piscina privativa do meu bangalô. Até que um dia, o telefone tocou. Era a recepcionista, com uma chamada telefônica a tiracolo, ansiosa por me transferir a ligação. "Em tempos de celular e WhatsApp, quem liga para o quarto de hotel de alguém?", pensei.

— Amigo... Aqui é Noronha. Já trocamos alguns e-mails. Te recordas de mim? Soube pelo dono do hotel que você veio aqui na nossa região. Rapaz, eu tenho casa na beira do rio, pertinho daí. Coisa de cinco minutos. Eu e minha família queríamos te convidar pra um encontro. Se você não estiver ocupado... eu sei como é a agenda de gente importante. Mas seria um prazer enorme.

— Ocupado, eu tô. Mas vou.

Em menos de duas horas descobri que Noronha era um careca cabeludo. Tinha o topo da cabeça lisa, mas ostentava uma vasta cabeleira grisalha nas laterais a servir como esconderijo para as hastes dos óculos de metal alemão. As lentes redondas e grossas lembravam os modelos usados pelos cientistas de outros tempos. A camisa polo azul-marinho com um discreto jacaré da Lacoste combinava com a bermuda bege, como manda o *dress code* casual dos mauricinhos da Faria Lima. Para completar o figurino, nos pés, um mocassim Ferragamo a deixar rastros na areia fofa do resort. A cada passo, o logo do solado de luxo inscrevia um lembrete aos desavisados: um rico passara por ali.

O calor insuportável desapareceu quando entramos na Land Rover blindada. No caminho do hotel até a mansão, a voz de Luiz Gonzaga no rádio do carro disputava a atenção com Noronha, feliz por contar as estripulias da família nos últimos cem anos.

Meu anfitrião era parte da terceira onda de nascimentos no Brasil. Seu avô, filho de portugueses, ficou famoso no interior de Alagoas por curar miseráveis. Logo virou o Dr. Mão Santa, amado pelos mais pobres e querido pelos coronéis. Um pouco médico, um pouco santo, um pouco político, um pouco empresário, um pouco filantropo, um pouco Deus.

O velho Noronha, pai do meu anfitrião, de olho no intenso processo de urbanização na capital de Alagoas, fincou raízes na cidade. Com o diploma na mão, assumiu o posto médico numa periferia empoeirada, onde mar azul e areia fina eram meras abstrações aos moradores locais. Por compadrio com os amigos ricos, virou cabo eleitoral da elite local junto aos pobres. A cada consulta distribuía santinhos. Entre uma receita médica e um diagnóstico apressado, reforçava as promessas dos políticos a um bando de doentes com pouca instrução.

Passadas as eleições, prontamente teve o gesto retribuído. O velho ganhou uma boquinha na administração pública como secretário de saúde e por lá se manteve por vários governos.

— Meu pai conhecia bem a máquina, dominava a máquina.

No banco da frente, ao lado do motorista, Noronha enxugava a careca com um lenço. Tranquilo, passeava por suas memórias. Se o avô entendia das ambiguidades do Brasil profundo, e o pai, do funcionamento da máquina pública, coube a ele decifrar os segredos do capitalismo.

Juramento de Hipócrates feito, ele abriu pequenos consultórios médicos colados nas igrejas de bairros periféricos.

A ideia era simples. Caso a providência divina não fosse capaz de apaziguar o sofrimento dos convalescentes, na porta ao lado a sabedoria dos homens prescreveria algum tratamento. Os doentes sem recursos penduravam as despesas da consulta e dos remédios na caderneta de devedores. Com a ajuda de Deus, pagavam as dívidas em parcelas a perder de vista.

A necessidade não podia esperar a expansão do sistema público de saúde, nem a disposição da filantropia. Em pouco tempo, as saletas mal iluminadas se transformaram em clínicas particulares com um cardápio enxuto de especializações e exames ambulatoriais a preços módicos. O modelo de negócio foi bem. Em uma década a família tinha uma rede de estabelecimentos médicos espalhados pelo Nordeste.

Entediado com a montanha de dinheiro acumulada, Noronha Neto viu mais uma oportunidade de negócio no sofrimento alheio. Os relatórios do seu império médico apontavam o crescimento de problemas renais e um aumento na prescrição de hemodiálise. Então o empresário saiu em peregrinação pelos hospitais de São Paulo, entendeu o modelo de negócio e abriu dezenas de centros de hemodiálise por toda a região. De segunda a segunda, sem feriados, folgas ou interrupções, pacientes se amontoavam nas portas de suas clínicas em busca de ajuda. Um sucesso.

Os números chamaram a atenção dos maiores planos de saúde do país. Noronha negou todas as ofertas de compra até que uma delas teve tração de derrubar o seu não.

Com pouco mais de sessenta anos, sofrendo de abstinência das rodas do poder, ele decidiu voltar ao jogo. Na manga, tinha uma cartada: abrir uma pequena clínica de alto padrão, com poucos leitos de internação e hotelaria cinco estrelas para atender a elite nordestina encantada com os serviços oferecidos pelo Sírio-Libanês e pelo Albert Einstein, hospitais de ponta de São Paulo.

Para não errar, fez um plano de negócios minucioso, contratou médicos dos mais qualificados, além de especialistas com conhecimento aprofundado nos gostos das elites. Entre eles, o antropólogo do luxo.

Embicamos na frente de um portão de ferro encrustado numa mata fechada. O motorista piscou os faróis para o segurança de prontidão. Três toquinhos no comando de luz e duas buzinadinhas eram o código. O caminho se abriu. Seguimos por uma estreita estrada de barro no meio da mata.

— Coisa da minha mulher, da Lili. Eu queria derrubar tudo, gramar tudo daqui até lá na casa. Ela quer respeitar a vegetação local. Não repara no matagal.

D. Lili Rabello virou uma Noronha 35 anos antes, mas jamais abandonou o sobrenome de nascença. Era de esperar. Um Rabello não se joga fora.

Há gerações sua família se destaca entre as elites econômicas, políticas e culturais do país. Os Rabello correm pelos corredores do Congresso Nacional com o broche de deputado e senador preso à lapela; sentam-se nas cadeiras de encosto alto das confortáveis sala de presidência das maiores multinacionais brasileiras, ostentando embaixo do nome o título de CEO; se encontram com chefes de Estado, governadores e prefeitos, por conta dos negócios e dos altos investimentos mantidos por suas empresas nos principais estados da região; além de disputarem espaço com teóricos e outros especialistas nas prateleiras das livrarias especializadas nos desafios da nação.

D. Lili nos esperava vestindo um caftan de seda e um turbante verde que combinava com a cor dos seus olhos — traço mantido na família desde que chegaram à colônia, no século XVIII.

A nossa chegada não a desestabilizou. Ela se manteve de pé, de frente para um caudaloso rio de águas escuras a seguir seu curso para o encontro com o mar turquesa a poucos metros dali. Para compor a cena, parados como dois pinguins ao lado da dona da casa, Manezinho e Mariazinha, mestiços cafuzos, funcionários da mansão, nos lembravam da ordem estamental mantida desde o século XVI.

Fui prontamente servido com *flûtes* de cristal, um guardanapo de linho para colocar sobre as pernas e um pedaço de bolo de mandioca num prato de porcelana dos antepassados da família. Os comes e bebes eram apenas uma desculpa para a bateria de perguntas do teste de reconhecimento, comum nos primeiros encontros com qualquer ricaço.

O marido queria saber dos meus negócios e quem já havia me contratado como consultor. D. Lili perguntou das minhas viagens. Por sorte, eu conhecia (pelo menos de nome) seus restaurantes preferidos em Paris, os bares de Londres e os cafés de Milão. Mas, de propósito, fingi nunca ter passeado pelas galerias de Florença, das quais ela dizia ser uma *connoisseuse gabaritada*.

Um rico de verdade gosta das batalhas em torno de conquistas banais — sejam elas materiais, de conhecimento ou relativas à quantidade de amigos notáveis, como vimos no jantar do Gero e entre os amigos de Raquel na mansão do artista de São Conrado. No entanto, a relação só se sustenta se ambas as partes forem capazes de manter a conversa sobre uma corda bamba. Nem um, nem outro pode levar todas. Quem sabe mais, tem mais, conhece mais, deve ter a cortesia de ceder o protagonismo para o adversário ao longo da conversa. Se perder a mão, será visto como um esnobe ou, no outro extremo, como *alguém muito simples, de outro mundo*. Tanto um erro quanto o outro jogam por terra a manutenção da relação ou qualquer chance de um novo encontro.

Consegui manter o equilíbrio e fui aprovado para a próxima fase do jogo. Soube disso quando eles me convidaram para um passeio no iate da família. Se não tivesse ido bem, teriam me despachado na limpeza dos restos da mesa.

Manezinho, como os craques do futebol, jogava nas onze posições. Ia de garçom a capitão do barco com a mesma habilidade. Equilibrava pratos, enchia taças, servia iguarias, controlava a posição do guarda-sol para não queimar a pele da madame e, entre uma tarefa e outra, ainda lhe sobrava tempo para assumir as vezes de terapeuta das neuroses do patrão.

Não se sabe se pelo salário ou por empatia, quando percebia o sofrimento de Noronha em razão de uma insistente comparação com a vida dos amigos e vizinhos, Manezinho saía em seu socorro.

— O do patrão é melhor. É melhor.

O carro do patrão era melhor. A casa do patrão era melhor. A vida do patrão era melhor. A família do patrão era melhor. O barco do patrão era melhor. Melhor, melhor, melhor. Era melhor.

A ênfase dada à embarcação tinha suas razões.

Noronha, tomado por uma vergonha visível, daquelas fáceis de perceber pela vermelhidão do sofredor, danou a pedir desculpas pelo impensável. O constrangimento vinha da necessidade de molharmos a barra da calça para entrar no barco. A culpa era de mais um dos desejos de d. Lili.

O incômodo do empresário passava longe de qualquer negacionismo ecológico. Ele estava preocupado com os outros. Os seus outros. Não as plantas, os peixes ou os pescadores, mas os vizinhos, amigos e convidados a cruzar o matagal que rodeava a mansão. "O que vão pensar de nós?", insistia em se perguntar quando se dava conta da diferença em operação.

Assim que enfiei os pés na água, o médico apontou para as casas vizinhas. Cada uma delas tinha, junto de si, tentáculos enormes rio adentro. Na ponta, como se fossem ventosas, montanhas brancas, de fibra e aço. Eram os barcos com ares de navio de cruzeiro. Mas sem autorização de d. Lili para a construção do píer, o médico empresário não podia receber os amigos sem que eles tivessem de molhar a barra da calça no rio.

— O do patrão é melhor. Melhor.

A diferença entre a mansão dos meus anfitriões e os castelos dos vizinhos ficou clara assim que deixamos o latifúndio dos Noronha. *O do patrão não era o melhor*, pensei.

A uns quinhentos metros da partida, outra residência também não tinha píer. No lugar havia uma plataforma de ferro, como aquelas da indústria do petróleo que têm a altura de um prédio de três andares. Noronha me explicou:

— Aquela maçaroca é o elevador para os iates de Celso, meu amigo. Ele é dono de uma rede varejista de moda popular. Tem loja por tudo quanto é lugar do Nordeste.

Entre as ferragens, uma jamanta branca de 115 pés, 35 metros de comprimento, um modelo similar ao do cantor Roberto Carlos. Na época da visita, um novo passava dos 50 milhões de reais.

Para evitar os danos causados pelo contato contínuo da fibra do casco com as águas do rio, o empresário comprou o elevador de iates. Quando voltava dos passeios com a família pela região, o marinheiro responsável atracava entre os pilares do elevador e içava a embarcação, que então flutuava no ar.

O acaso fez com que Celso nos visse e acenasse lá de cima, da beira da piscina da mansão. Erguia os braços e balançava a camisa, numa senha-convite. Fingindo não entender, o médico seguiu rumo ao mar. Não adiantou. O telefone tocou. Ao meu lado, ele respondeu:

— Celsinho, te vi sim. Claro que te vi. Mas tô com Lili aqui e um antropólogo. Uma visita ilustre. Um antropólogo do luxo. Colunista da CBN, do UOL. Veio orientar um grupo de executivos no hotel dos franceses. Estou mostrando as maravilhas da nossa região pra ele. Não vai dar.

— Venha. Traga o antropólogo — o vizinho ordenou do outro lado da linha.

Sem me perguntar, Noronha determinou uma meia-volta ao funcionário. Manezinho obedeceu, desacelerou o motor e deixou a correnteza nos levar até uma das vagas livres na plataforma do elevador. A mim, restou uma intimação:

— Agora quero ver se você entende de rico e de luxo mesmo. Se prepara pra ver gente rica. Não é, Lili?

Petrificado entre a mansão de Celso, a fortuna adquirida pelos Noronha com a venda da companhia e o que eles diziam ser, fiquei preso ao dilema inicial desta pesquisa: "Se os Noronha não são ricos, quem é?".

Era tudo miragem.

17.
Ilusão de ótica

Celso Peçanha deixou a taça de vinho de lado para receber os visitantes enquanto Dorinha, sua mulher, organizava junto aos empregados os lugares adicionais na mesa de jantar já ocupada por outros endinheirados nordestinos.

Os Noronha cumprimentaram os amigos com uma felicidade contida, típica dos encontros entre os ricos tradicionais brasileiros. Eles se beijam sem encostar os lábios nas bochechas, abraçam sem contato entre os corpos, riem sem vigor e dão apertos de mão envergonhados, como se se arrependessem no primeiro relar das peles.

A mim, foi reservado um pouco mais de entusiasmo. Enquanto me analisavam da cabeça aos pés, os donos da casa mantinham um sorriso largo no rosto e repetiam a mesma coisa com variadas entonações. "Meu Deus, o antropólogo." "O antropólogo!" "O antropólogo?" "Sim, é o antropólogo do luxo!"

Virei o centro das atenções.

Sem saber o que fazem os antropólogos nem a diferença entre a rádio CBN, onde tenho uma coluna, e o canal de notícias CNN, eles me pediam o envio de beijos esfuziantes a Caio Coppolla — então comentarista do canal e um dos baluartes da nova direita brasileira —, de quem diziam ser fãs desde os tempos da Jovem Pan.

Na confusão, misturaram joio com trigo e me incluíram no balaio. Caos. "Aqui é direita. Nós somos patriotas. A gente olha pra frente."

Apesar da preocupação com o futuro, Celso se apressou em me contar sobre o passado da família.

Os Peçanha ficaram ricos com os ganhos do solo argiloso do massapé. Seus avós eram típicos senhores de engenho do interior nordestino, oligarcas rurais. Depois da Segunda Guerra Mundial, investiram no comércio popular, um torra-torra de roupa barata parcelada em prestações a perder de vista. Deu certo. Com mais de cinquenta anos, a rede conta com dezenas de lojas espalhadas pelo Nordeste.

Celso, os irmãos, os filhos e os sobrinhos se dividem em visitas a cada uma das unidades com a ajuda de uma frota de aviões executivos da família. Em poucos minutos, eles vão de capital a capital na romaria de negócios. E nos finais de semana e nas férias partem para o apartamento em Miami ou para a residência nos Hamptons, um conjunto de vilas de alto luxo à beira-mar, próximo de Nova York.

Ainda no entorno da piscina, enquanto discorria sobre o passado, o empresário me convidou a conhecer os cômodos da mansão. O resto da trupe continuou com Dorinha e os outros ricaços.

A construção, do século XVIII, está fincada sobre uma montanha de pedra — palco de batalhas entre indígenas, colonizadores e invasores no Brasil colônia. A estrutura sólida, com paredes de mais de sessenta centímetros de largura, serviu de proteção aos colonos portugueses dispostos a defender aquele naco de terra do interesse holandês e francês.

De frente para uma muralha de tijolo, cimento e madeira, Celso chamava minha atenção para os detalhes. Por instantes, cogitei mais uma confusão. Talvez o empresário tivesse entendido que antropologia e engenharia eram ciências irmãs.

Os Peçanha sabiam bem o que faziam naquela ocasião:

— Entendeu, antropólogo? Olha a largura disso. Só aqui. Tá vendo? Isso aqui não tem preço. Quem tem, tem. Quem não tem, não tem como ter. Não tem à venda.

Repetiu algumas vezes (*não tem à venda!*), olhando no fundo dos meus olhos, para checar se eu fora capaz de decodificar o dito. Não satisfeito, começou a dar socos nas paredes grossas:

— Isso é proteção. Ninguém tem isso não. — E continuou: — Soca, antropólogo. Soca! Soca!

De ouvido, um desavisado que passasse pelos corredores poderia imaginar algo diferente. Não estaria de todo errado. Ali, diante de mim, havia um homem rico, de mais de sessenta anos, deslocando boa parte da libido que lhe restava para as coisas de rico.

Noronha apareceu, olhou de soslaio e sacou a cena. Preocupado, me livrou do constrangimento. Fomos levados de volta para a beira da piscina, onde a família, gente do mercado financeiro de São Paulo e parte da elite local se amontoavam em torno de uma mesa. Sentados, os convidados não passavam de vinte pessoas. De pé, os empregados eram mais de quarenta.

Preocupada em me atender bem e mostrar os bons hábitos da família, a dona da casa organizava os empregados de modo que os visitantes fossem prontamente servidos. Suas ordens, à moda das elites do Antigo Regime, eram diretas:

— Champaaaaaaanhe! Champaaaaaaanhe! Tragam champaaaaaanhe! Lagostas! As lagostaaaaaaaas! Os camarõeeeeeeeees! Sirvam os camarõeeeeeeees!

E assim, rapidamente, os serviçais se moviam como um exército de Oompa-Loompas na Fantástica Fábrica de Chocolate.

A mim, coube assumir o papel de Google. Logo, perguntas das mais absurdas me foram feitas, como se eu fosse um daqueles magos de desenho com uma resposta pronta para qualquer questionamento. "Antropólogo, diga, qual é o sentido da vida?"

"A quem servem as religiões?" "Qual o futuro do mundo?" "Por que o número de separações só cresce?" "*É o fim dos tempos?*" "A direita vence nas próximas eleições?" "O que é o luxo?" "Isso é luxo?" "Nós somos luxo?"

— Diga lá, você não é o tal do antropólogo do luxo?

Eu, com medo de perder o fio da meada do encontro, dava respostas evasivas com dicas de autoajuda, falando muito sem nada dizer, do jeitinho dos filósofos pop, dos psicanalistas de Instagram ou dos coachs amados pelos convidados da ocasião. Novamente, quem me salvou do desconforto foi outro endinheirado. Um anjo caído dos céus.

O barulho de um helicóptero deslocou a atenção das lagostas para o pássaro de ferro que se aproximava da propriedade. Um casal com duas crianças, babás e seguranças pousaram sobre os gramados da mansão. De longe, sem distinguir os personagens, Celso me contou quem eram:

— Minha filha, o marido e minhas netinhas. Estavam na casa de campo em São Paulo. Na Fazenda Boa Vista, você conhece, antropólogo?

Nem tive tempo de responder. Ele emendou:

— Esse aí tem dinheiro. É rico. Pedro Augusto é do mercado financeiro. Esse é rico.

18.
Miragem

Pedro Augusto se casou com Maria Fernanda em uma cerimônia nos jardins de um castelo em Florença, na Itália, em 2015, pouco antes de o pai dele ser preso pela Operação Lava Jato.

Sua família, uma das mais influentes do Nordeste desde os tempos da ditadura, tem tradição na política e ganhou destaque nos palácios de Brasília quando o poder foi conferido aos caciques do centrão nos anos 2000.

O pai de Pedro assumiu um cargo importante em uma empresa pública. Brincou com os limites do público e do privado, se perdeu no fluxo entre as próprias contas e as finanças da companhia e foi acusado de desviar mais de 100 milhões de reais.

— Uma hora isso ia acontecer. Estavam prometendo cadeia pra eles há duas gerações. Uma hora a conta chega, Michel. — Celso concluiu a apresentação do marido da filha antes do grupo se aproximar da mesa dos comes e bebes.

Em São Paulo, Pedro Augusto vivia uma vida normal. Durante a semana, acordava às cinco horas da manhã para a rotina de exercício no Clube Pinheiros, com sede entre as margens do rio e a avenida Faria Lima, preparando-se para as competições de triátlon.

Depois de uma ducha, escolhia um dos carros importados da coleção e seguia para a sede do fundo de investimento no qual era sócio, acompanhado de uma equipe de seguranças. O muro de carne, osso, terno e óculos escuros fora contratado, a um custo aproximado de 200 mil reais por mês, para proteger a família dos perigos do mundo e de uma eventual represália ao acordo de delação premiada assinado pelo pai.

Às sextas-feiras, Maria Fernanda e Pedro Augusto hesitavam entre a propriedade de veraneio em frente à praia da Baleia, no litoral norte de São Paulo, e a mansão recém-construída na Fazenda Boa Vista, empreendimento residencial hoteleiro a cem quilômetros da capital. Parte da confusão devia-se à facilidade para chegar ao destino escolhido. Tanto para um lado quanto para o outro, a viagem de helicóptero não tomava mais de quarenta minutos. Nas férias, seguiam em um avião próprio para o bangalô em Whistler, a melhor estação de esqui do Canadá, onde passavam a temporada de neve.

O imbróglio do pai de Pedro com a justiça se resolveu com prisão e acordo. Enfrentou dois longos anos atrás das grades e teve de devolver 80 milhões ao Ministério Público Federal. A quantia não afetou o patrimônio da família. Eles seguem como sempre foram, segundo Celso me contou no final da noite.

— Imagina só quanto ainda têm. Imagina. Ainda dizem que o rico sou eu. Eu acho é graça. Bico calado, tá? Minha filha briga comigo se falar esse negócio de que eles são ricos. Não pode.

19.
A negação

Deixei a mansão dos Peçanha certo de que tinha visto uma miragem. "Fiquei doido? Eles não são ricos?", me perguntava.

Depois de tanto esforço para entrar no mundo dos milionários brasileiros, lá "de dentro" eles tentavam me convencer de que nem eles mesmos estavam lá. E, com doses de cinismo, insistiam que eu precisava seguir a caça aos verdadeiros ricos.

Sentado sobre a montanha de dinheiro adquirida com a venda da sua rede hospitalar, Noronha olhava para as mansões vizinhas e tinha certeza de que *os ricos eram os outros*. Celso Peçanha, membro das elites desde os tempos das capitanias hereditárias, diante do próprio elevador de iates, invejava a vida do genro herdeiro de um pai corrupto. Já Pedro Augusto andava pelas ruas tranquilas da Fazenda Boa Vista ou pelos becos da estação de esqui canadense imaginando quanto seus vizinhos (CEOs, presidentes de banco, donos de redes de varejo, investidores, jogadores de futebol, artistas famosos) ganhavam por ano, com a certeza de que sua vida seria muito melhor se tivesse mais.

Antes de mim, outros jornalistas e pesquisadores já tinham passado por isso.

Em 2020, com o isolamento social e uma forte demanda por serviços de tecnologia, as gigantes do setor prosperaram. Quem estava preparado para atender os desejos dos consumidores, surfou a onda. A companhia da família Trajano foi uma delas. Em 2021, as vendas por e-commerce representavam mais de 70% do faturamento da empresa, o triplo de 2019.[1] Com tamanho sucesso, as ações foram às alturas. Em março de 2020, um papelzinho da firma saía por 7,18 reais. Seis meses depois, valia quase quatro vezes mais. Chegou à marca de 27,27 reais. Nesse momento, no topo do ranking de bilionários brasileiros da revista *Forbes* estava Luiza Trajano, principal acionista da varejista Magalu, considerada a mulher mais rica do Brasil.

Na esteira do sucesso, em outubro de 2020, Luiza Trajano foi convidada a participar do *Roda Viva* — um dos mais respeitados programas de entrevista da televisão brasileira. Monique Evelle, uma das entrevistadoras, quis saber sua opinião sobre a taxação das grandes fortunas. Descontente com o burburinho sobre seu patrimônio, ela mal ouviu a pergunta e respondeu:

> Esse é o único ranking que eu estranho muito. [...] Eu respeito, adoro a *Forbes*, mas não é um ranking... [...] Quando eu me vi nisso, é uma coisa que eu me assusto muito pra te falar a verdade. [...] Quando falaram de "a mulher mais rica do Brasil" eu até assusto.[2]

A definição de uma linha de corte a partir da qual podemos definir quem é rico é questionável. Em geral, para dar conta do desafio, os especialistas se debruçam sobre parâmetros de estratificação por renda. A lógica é simples. Eles enfileiram a população ativa com os maiores proventos até chegarem àqueles com os menores ganhos mensais. O grupo a ocupar o meio da fila define a renda mediana — algo próximo de uma classe média. Quem fica no começo da linha é rico. No final, estão os pobres.

Se olharmos para o 1% da população de qualquer país desenvolvido, ninguém duvidaria que os membros desse grupo são, de fato, ricos. Devem morar em mansões com empregados de uniforme, viajar de primeira classe e não se preocupar com as contas. Afinal, eles detêm mais dinheiro do que os 99% restantes.

No entanto, quando olhamos para a realidade brasileira, a fórmula não funciona. Apesar de algumas variações metodológicas, sabe-se que aqui fazem parte do 1% todos os indivíduos com renda mensal acima de 28 mil reais por mês — cerca de 2 milhões de pessoas.[3] Essa parcela da população tem um patrimônio médio de 4,6 milhões de reais, segundo dados de 2023 da Fundação Getulio Vargas.

Um profissional liberal, com apartamento próprio em um bairro da Zona Oeste de São Paulo, investimento em uma previdência privada, carro na garagem, plano de saúde, filhos em uma escola particular e gosto por viagens ao exterior facilmente se enquadra no grupo. No entanto, esse é o estilo de vida comumente atribuído às camadas médias, e muito distante do imaginário de riqueza veiculado nos filmes, novelas ou telejornais, o que faz com que esses indivíduos, apesar de se reconhecerem longe da pobreza, também não se vejam como ricos. Assim, por exclusão, eles se definem como classe média.

Marcelo Medeiros, economista e pioneiro no tema, lembra que, em um país atravessado por uma irracional desigualdade, é fácil confundir as camadas médias com os ricos. "As pessoas acham que o 1% mais rico é formado por milionários, mas isso não é verdade. Os ricos são pessoas que você vê passar na rua todos os dias."[4]

Como a riqueza é um fenômeno multidimensional, deter--se apenas nos ganhos mensais ou na fortuna acumulada não basta. Um estudo sobre o modo de vida dos endinheirados deve levar em conta a relação entre "quem tem" e "quem não tem". A gestão das fronteiras, a operação da diferença, interessa mais do que quanto cada um tem.

Como define Celi Scalon, socióloga brasileira com anos de estudo nos temas das desigualdades, em termos analíticos, o que importa é a posição dos privilegiados em relação ao resto da sociedade e como eles fazem para comunicar que são diferentes. "O sentido relacional [é o] que, de fato, nos interessa."[5]

Ao longo dos anos da pesquisa, o esforço dos entrevistados em me convencer de que não eram ricos foi intenso. Eles foram incansáveis. A tal ponto que, em determinado momento, passei a me questionar se eles tinham combinado uma resposta para se livrarem de mim. Ledo engano.

A negação da riqueza não é fruto do acaso. Trata-se de um fenômeno social ouvido a cada encontro, passível de ser comprovado com dados quantitativos. A Oxfam, organização internacional voltada para o combate da pobreza e da desigualdade social, publica anualmente relatórios extensos sobre o abismo entre ricos e pobres no Brasil. Em uma análise de 2022,[6] baseada numa pesquisa feita pelo Datafolha com 2564 pessoas espalhadas pelo país, os dados mostram que 70% dos brasileiros se consideram de classe média baixa ou pobre, 29% acreditam fazer parte das camadas médias ou médias altas, e 0% se diz rico. Repito: zero.

Na maior economia da América Latina, com um PIB superior a 2 trilhões de dólares, não há um único rico. Ou melhor, não há um único rico assumido. Resta especular sobre os porquês. As razões da negativa não são conscientes, inconscientes nem mesmo individuais. São culturais.

Não raro, credita-se o impasse ao bom coração das elites e a certa humildade católica que não lhes dá o direito de dizer quem são. Diante da abissal desigualdade brasileira, do mar de pobres, miseráveis e famélicos por todos os lados, as elites, sensibilizadas, preferem manter seus privilégios às escondidas a fim de evitar constrangimentos. A negação seria o resultado de uma chaga moral.

De tão bonito, o argumento combina mais com os livros de ficção do que com a realidade. É sabido que o estrato 1% mais rico do Brasil ganha 33 vezes mais do que os 50% mais pobres e que ele detém, sozinho, quase metade da riqueza nacional.[7] Mas isso nunca foi motivo para crise.

A ausência de remorso deve-se a um fator simples: os ricos brasileiros não se veem como parte do problema da desigualdade social. Como bem demostram os estudos da socióloga Elisa Reis,[8] as elites brasileiras atribuem ao Estado o dever de combater a abissal desigualdade entre ricos e pobres.

Os ricos não titubeiam em defender seus interesses na manutenção da estrutura tributária,[9] conhecida por arrancar o couro dos pobres. Além de nutrir um fastio imenso por campanhas de doação ou filantropia.

Durante anos, o Brasil ocupou as últimas posições entre os 144 países incluídos no World Index Giving, um ranking publicado pela Charities Aid Foundation — conhecida por medir o apetite de cada nação por filantropia e doação. Levando em consideração o tamanho da nossa economia, proporcionalmente doávamos menos que Bolívia, Honduras e Colômbia. Isso sem falar de Sudão do Sul, Quênia, Sri Lanka e Gâmbia, Indonésia, nações com frequência à nossa frente.[10]

A negativa da riqueza não se justifica pela culpa moral nem por falta de senso crítico. Ela se dá por uma forma peculiar, tipicamente brasileira, de avaliação e posicionamento na estrutura social. Aqui, a riqueza não é uma condição dada pelo dinheiro, mas o resultado de um trabalho árduo por ocupar um lugar no mundo dos ricos.

20.
Não me amarra a dinheiro, não

Para seguir com a pesquisa, eu precisava definir quem eram os meus ricos. Foi assim que, na tentativa de afastar qualquer ruído, tratei de estabelecer um piso de renda e o patrimônio do grupo para só então, a partir desse ponto, compreender os aspectos simbólicos da produção da diferença. Risquei o chão e intensifiquei minha rede de contatos em dois segmentos.

Um primeiro era formado pelo 0,1% mais rico do Brasil, com patrimônio acima de 26 milhões de reais e renda mensal maior do que 95 mil reais por mês, como era o caso de Claudette e Mário Jorge e mais 200 mil pessoas.[1] E um segundo continha o 0,01% dos mais ricos, com rendimentos acima de 300 mil reais mensais e um patrimônio superior a 150 milhões de reais — a exemplo de Olívia, a ricaça de Genebra. Ela, seus amigos, os anfitriões de Alagoas e outros privilegiados desse grupo somam mais de 20 mil pessoas, segundo os dados do Censo de 2022.

No final das contas, imerso nesses círculos de relações, consegui chegar a alguns dos mais de sessenta bilionários brasileiros, o que deu contorno a mais um grupo de análise da pesquisa. Mesmo entre os bilionários, a negação da riqueza se mantinha.

Depois de um dia intenso de trabalho de campo, me joguei no sofá de casa e liguei a televisão. Do outro lado da tela, o cineasta João Moreira Salles, cuja fortuna é avaliada em mais de 4 bilhões de dólares, divulgava um de seus filmes no *Conversa com Bial*, talk show da TV Globo.

O encontro seguia como um papo entre amigos até o momento em que o apresentador perguntou:

— Quem tem [dinheiro] filma quem não tem. Você se enquadra nessa definição?

À espera de uma reflexão crítica, o entrevistado decepcionou o jornalista e colocou mais caraminholas na minha cabeça:

— Tem isso. Nós somos classe média, classe média alta [...], sabemos que na hora que a gente quer filmar a favela, é possível. [...] *Tem alguma coisa que nos permite fazer isso.*

Como se a tela não fosse um impeditivo para que me ouvissem, me meti na conversa: "Essa coisa não seria dinheiro, João?".

O pavor de falar de dinheiro, observado repetidamente nos encontros com as elites brasileiras, depois de tanto tempo, ainda me causava espanto. Quais seriam as razões que os impediriam de dizer de forma simples, clara: *eu tenho dinheiro, logo, sou rico.*

Anos atrás, Ruben Oliven, antropólogo gaúcho, já tinha notado o impacto da cultura brasileira na forma como lidamos com os tostões. Em meio às suas investigações, Oliven partiu para os Estados Unidos para compreender melhor as nossas singularidades em comparação com os vizinhos ao norte.

Assim que colocou os pés na Califórnia, na Costa Oeste americana, levou o primeiro choque. Por lá, o dinheiro é fonte de conversas, debates e anda na boca do povo.[2]

Desde a tenra infância, os americanos falam, ensinam e aprendem sobre finanças. Para incluir um ponto a uma conversa, eles pedem permissão para "acrescentar seus dois centavos na discussão" (*may I add my two cents?*); eles não convencem, mas *vendem ideias* (*to sell an idea*) de modo que os outros as comprem (*to buy an idea*); além de *pay attention* (prestar atenção, literalmente "pagar atenção"), *pay a visit* (fazer uma visita a um amigo, literalmente "pagar uma visita") e *pay respect* (mostrar respeito por alguém, literalmente "pagar respeito") como se falassem desde um guichê de um banco. Eles sempre pagam ou recebem, vendem ou compram e sabem exatamente quanto custa cada encontro. Afinal, tempo é dinheiro (*time is money*) e não há almoço grátis (*there is no free lunch*). Enquanto entre nós, as mães ensinam aos filhos que devem tomar cuidado com a própria higiene depois de tocarem em uma cédula. *Dinheiro é sujo*, elas dizem. Diante de um pedido da cria, os mais velhos explicam não terem dinheiro dizendo "tô limpo" ou "tô sem um puto". E, se houver muita insistência, para evitar alguma birra mais histriônica, eles pedirão calma e dirão: "vamos limpar os cofres".

Em *A filosofia do dinheiro*, Georg Simmel, pensador alemão, mostra como na Idade Média as pessoas estavam conectadas à vida em comunidade e à propriedade da terra de tal maneira que era difícil separar as coisas dos seus donos. Era uma relação intrínseca, de espelhamento. Um senhor de terras era o reflexo do seu quinhão de terra e vice-versa.

O aumento do uso do dinheiro como moeda de troca rompeu com esse ciclo. A atividade monetária é impessoal. As divisas tornaram-se mediadoras das relações entre as pessoas e a propriedade, os indivíduos ficaram mais autônomos e independentes uns em relação aos outros. Dali em diante, não precisavam mais ter relações afetivas para dar conta dos próprios desejos. Quem tinha dinheiro, ia ao mercado em busca de um produto, serviço ou mão de obra e pagava por eles. Ponto. Tornou-se possível alugar um pedaço de terra por um punhado de notas, contratar pessoas em troca de um salário e estabelecer transações comerciais para além dos círculos tradicionais. O dinheiro desfez a cola entre as pessoas e as coisas.

Tanto na Europa quanto nos Estados Unidos, o processo de transformação durou séculos, se embrenhou pelo tecido social lentamente a ponto de conseguir incutir a lógica monetária nos modos de pensar e agir. No Brasil, o jogo foi outro.

No começo do século XX, a machadadas, os barões do Império embarcaram na aventura capitalista. O processo de transformação se deu por incentivos estatais e pela pressão governamental. Em pouco tempo, senhores de terra, dominados por uma mentalidade arcaica ainda presa às coisas (objetos, terras, medalhas, títulos, diplomas, amigos etc.), foram obrigados a trocar o massapé da cana-de-açúcar e a terra roxa do café pelo varejo e pelas máquinas nas fábricas.

A toque de caixa, quem se preocupava com a terra teve de se acostumar a pensar em dinheiro. Nesse percurso, "a mentalidade de casa-grande invadiu [...] as cidades e conquistou todas as profissões, sem exclusão das mais humildes". "A ideia de prosperidade ainda estava intimamente vinculada à da posse de bens mais concretos, e ao mesmo tempo menos impessoais do que um bilhete de banco ou uma ação de companhia",[3] nos termos do historiador Sérgio Buarque de Holanda.

De longe, parecíamos (e parecemos) modernos como os outros. Mas uma análise mais cuidadosa revela a persistência do passado e uma contínua valorização de estruturas tradicionais. As elites que foram obrigadas a secularizar suas ideias, suas concepções políticas, ainda hoje não sabem lidar com o valor impessoal do dinheiro e se mantêm agarradas à ideia de que o importante são as coisas. Sem um sentido social claro, evitamos a todo custo tratar do assunto, mas adoramos perder tempo discorrendo sobre os seus sinais.

Não à toa, no Brasil, os objetos têm alma, vontades, intencionalidades, necessidades e desejos particulares. Sem pestanejar dizemos que o carro *morreu*, o computador não *quer* funcionar, o celular *vai de mal a pior*, que o conserto *ressuscitou* uma traquitana qualquer, ou aceitamos que as bolsas *se sentem* à mesa com as madames como se fossem companheiros de uma vida inteira — diferente do Velho Mundo, onde os pertencentes da clientela grã-fina são armazenados na chapelaria dos restaurantes durante o jantar.

Os mais apressados creditam a humanização das coisas de rico ao status. Apoiados nos estudos de Thorstein Veblen, economista americano, apostam no poder de diferenciação e na força criadora de status de determinados comportamentos de consumo. Como sommelière, Camila entendia bem o mecanismo.

Eu a conheci nos meus tempos de estudante no Canadá. Sua fama entre os endinheirados brasileiros foi crescendo à medida que tomar vinho foi virando um hábito nas altas rodas. De uma hora para outra, as elites brasileiras acostumadas a beber para relaxar ou socializar começaram a disputar quem conhecia mais, bebia mais e viajava mais em busca de rótulos e produtores desconhecidos.

Pouco a pouco, Camila começou a vender viagens de mentoria a vinhedos na Argentina, no Chile, na Itália, na França, na Austrália e nos Estados Unidos. Perto das melhores garrafas, com a ajuda profissional, os clientes decidiam quais seriam as escolhidas para compor as adegas particulares.

O sucesso nas altas rodas lhe rendeu inúmeras oportunidades de trabalho. Entre elas, o papel de decidir quais rótulos fariam parte da carta de vinhos de um restaurante com estrelas do *Guia Michelin*. Para lidar com as joias alcoólicas — como ela gostava de dizer —, os funcionários inexperientes tinham de passar por um treinamento intenso. A eles era ensinado como manusear as garrafas e administrar guardanapos, saca-rolhas e taças de cristal ao gosto da clientela. E o mais importante: o dever de jamais retirar a garrafa de um vinho caro, mesmo depois de vazia, de perto dos comensais. Afinal, elas são máquinas de status, comunicam ao resto do restaurante que, dado o valor investido no líquido, o encontro deve valer muito. A teoria de Thorstein Veblen faz sentido.

No entanto, a tese do economista americano deixa de lado um ponto fundamental. O consumo e o uso de objetos de luxo marcam a diferença, criam status e posicionam os atores, em especial quando a relação se dá intergrupos — isto é, entre os "de dentro" e os "de fora". Ao fim e ao cabo, em um restaurante onde a conta não sai por menos de mil reais por pessoa, um Rolex, um vinho caro, uma Ferrari ou um sapato Gucci não operam a diferença como fariam no boteco de um bairro popular. Ali, eles são o básico, o rotineiro.

Entre os ricos brasileiros, as coisas de rico não servem para mostrar aos mais pobres o quanto se tem, mas sobretudo provar aos outros ricos o quão rico também se é. Eles são mais do que bens posicionais, uma vez que fazem mais do que comunicar status ou reputação. As coisas de rico são bens conectores, elas agem, incluem, criam pontes e catapultam os indivíduos para as rodas onde conquistarão o reconhecimento. Junto delas é possível ir e vir, ter acesso ao mundo dos ricos, experimentar novas subjetividades e participar de contextos sociais exclusivos sem dificuldades.

Conforme passamos a ter mais intimidade, Camila se sentiu confortável para me contar sobre a parte mais delicada do treinamento: a que assumia as vezes de algoritmo de rede social para oferecer o melhor match entre um vinho e o bolso dos clientes.

Com a intenção de evitar constrangimentos, a sommelière decidiu criar duas cartas: uma com preços mais acessíveis e outra com rótulos especiais, de safras exclusivas e itens avaliados em mais de 10 mil reais. A primeira é entregue aos clientes de aparente menor poder aquisitivo. A outra reserva-se aos milionários.

Depois de submeter os fregueses a uma avaliação minuciosa, na qual se levava em consideração o tecido da roupa, o corte do terno, o comprimento do punho das camisas, a marca das bolsas, dos sapatos, dos relógios e o penteado, definia-se em qual dos grupos o cliente se enquadrava e, por consequência, qual seleção de vinhos teria em mãos. Se o inspecionado não atingisse as metas, vinha o veredito: carta barata neles!

Com ou sem dinheiro, só clientes VIPs tinham acesso à carta premium.

Ri por cumplicidade enquanto examinava se o tecido da minha roupa, o corte do meu terno, o comprimento do punho da minha camisa, a marca da minha bolsa, dos meus sapatos e o meu relógio me posicionariam mais perto do primeiro ou do segundo grupo. A calvície precoce me liberou da avaliação do penteado, mas não passou despercebida por Camila.

— Nunca pensou em fazer um implante? Eu tenho um cirurgião, especialista em cabelo, maravilhoso. Caríssimo, mas funciona. Vai mudar sua vida.

Nem todas as coisas de rico valem uma fortuna. Há de todos os tipos. Esses objetos se definem mais pela *capacidade imaginativa* que despertam do que pelo preço. Daí vem a força de catapulta. Imaginar não é simples devaneio. É uma ação social, tem agência, inventa mundos e conta com estofo para reposicionar ou reafirmar um lugar social desejado — como pontua Arjun Appadurai, antropólogo e estudioso da modernidade. A força de catapulta das coisas de rico vem da maneira como seus donos despertam a imaginação dos outros.

Em uma de suas visitas ao Brasil, Olívia, a herdeira de Genebra, me convidou para um jantar na casa dos pais do marido. Há gerações, a família vive da administração do patrimônio herdado dos antepassados e dos investimentos em negócios parceiros. Eles eram respeitados por fazer dinheiro dar filhotes.

Parte da confiança na aptidão da família para os negócios vinha da habilidade com que manejavam a *capacidade imaginativa* das coisas de rico — exibidas meticulosamente nos jantares e encontros. No apartamento, as bebidas oferecidas, as banqueteiras contratadas, os móveis assinados, os tapetes persas, a prataria, o som ambiente, os empregados uniformizados, as autoridades convidadas, as estantes tomadas de livros e as obras de arte espalhadas pelas paredes eram itens fundamentais na venda imaginária de que os empresários eram bem-sucedidos.

No meio de uma conversa com Olívia, a ricaça mirou um Pollock enorme preso à parede atrás da mesa de jantar para sanar minhas dúvidas. O pai do expressionismo abstrato americano pairava soberano no apartamento e capturava meu olhar incrédulo: "Será mesmo um Pollock verdadeiro? Um primo-irmão daqueles do MoMA, o museu de Nova York?". Era.

Minha cicerone acabou logo com a magia. Calma, como se falasse do arranjo de flores da sala, me disse que a família não entendia nada de arte nem tinha admiração pelo artista. Estavam mais preocupados com o tamanho do quadro, com a fama do pintor e a capacidade de impressionar quem chegasse.

Diferentemente da elite francesa, estudada por Pierre Bourdieu, os ricos brasileiros não investem em arte, não colecionam estantes abarrotadas de livro, não promovem saraus ou degustam iguarias em restaurantes de chefs de renome pela materialização de um gosto refinado tipicamente burguês. Eles o fazem por uso estratégico da *capacidade imaginativa* das coisas de rico, como se, na impossibilidade de falar das cifras, obrigassem todos a imaginá-las.

— Se eles estão gastando milhões em quadros, imagina quanto dinheiro não devem ter? Sem dúvidas são pessoas de sucesso, são bem-sucedidos, são ricos, vou investir com eles. É assim que eles pensam, Michel. Não entendem nadinha de arte — emendou Olívia.

Esse é um movimento delicado, requer treinamento, cuidado e traquejo. Caso contrário, o mecanismo não funcionará como esperado ou acabará com a reputação dos seus donos.

O modelo de pensamento pautado na *capacidade imaginativa* nega a maneira dura e pouco flexível usada pelos economistas e estatísticos para definir a posição de alguém na pirâmide social a partir da renda. De acordo com esse enfoque, o que importa são as fronteiras entre os grupos. Do ponto de vista nativo, o *mais ou menos* que interessa é aquele capaz de despertar a imaginação dos outros e deslocar o indivíduo de um lugar a outro da pirâmide social. Seja para cima ou para baixo. No sobe e desce, dinheiro não basta. É preciso dominar as engrenagens.

21.
Engrenagens

Interessado no manejo das coisas, colei em Joana, secretária da mulher de um grande empresário paulistano. Ela era conhecida como a melhor braço direito que um rico poderia ter. Com habilidade, manejava a intensa agenda de filantropia, compras, festas e encontros sociais de Ornela, sua patroa.

Nós nos conhecemos em uma galeria da Zona Oeste da cidade. Tempos depois, quando da publicação da reportagem do *Valor Econômico* e da entrevista ao jornal *O Globo*, recebi da família de Ornela um arranjo de flores. Junto do presente, uma carta-convite para um rendez-vous nos jardins da mansão. Fui. Na agenda, como de praxe, comes e bebes à vontade, música ao vivo e um palestrante disposto a discorrer sobre um tema de interesse.

Dessa vez, o convidado a falar era eu. No entanto, minutos depois de pôr os pés no gramado da mansão, descobri que o que eu tinha a dizer não interessava a ninguém. Eu perdi espaço para alguém mais útil: uma restauradora de sapatos de mais de 7 mil reais.

Sem emitir uma só palavra, no canto da varanda, a *shoe designer* (ex-manicure) com uma poção mágica nas mãos prometia reviver os caríssimos sapatos Louboutin das convidadas — marca francesa de luxo, famosa por calçar celebridades, empresárias e endinheiradas mundo afora. Os sapatos altíssimos, de verniz preto, funcionavam como uma *coisa de rico* se a audiência fosse capaz de reconhecer o solado vermelho da marca — o disparador da *capacidade imaginativa*.

Só tem um problema. No caso dos Louboutin, o elemento disparador da *capacidade imaginativa* é perecível. Acaba antes dos calçados. Já no primeiro uso o contato da sola com o chão vai apagando o atributo da distinção. O vermelho se esvai e, junto dele, o juízo das clientes. Elas ficam desesperadas.

Para acalmá-las, a profissional tinha nas mãos um esmalte igual ao vermelho criado pelo designer francês. Comprou os vidrinhos em um site de vendas chinês e ficou famosa entre as ricaças paulistanas pelo poder restaurador da sua descoberta. Era de se esperar que fizesse sucesso nos jardins de Ornela.

A eficácia das coisas de rico depende de como eles usam os atributos da distinção a seu favor. É preciso saber bem o que se usa, por que se usa e para quem se usa. E, não menos importante, ter controle sobre a percepção dos outros a respeito do bem usado. Se o dono das coisas de rico patinar em algum desses pontos, as coisas podem funcionar fora do previsto. Perigo.

No meio da confusão para saber quem ia ser atendida primeiro, chegou-se a um consenso. Carmen tinha preferência. Naquela semana, fora vítima de assalto por conta do mau manejo das coisas de rico.

Dona de uma agência de publicidade, mulher do presidente de uma multinacional, ela e o marido eram conhecidos como os magnatas da comunicação. Numa quinta-feira, a empresária saiu a pé do escritório para uma reunião em um restaurante nos Jardins.

Ela vestia um quimono de seda, sandálias baixas, óculos escuros a tapar toda a cara e um Rolex de ouro, pequeno, discreto, no punho esquerdo. Mas a fantasia não durou trezentos metros de caminhada.

Próximo à esquina, um motoqueiro se aproximou e gritou:

— Madame, passa o Rolex.

Enquanto me contava a história, ela voltou a chorar, desesperada. Eu seguia embasbacado com o fato de o ladrão ter gritado não pelo relógio, mas pelo nome da marca.

— Passa o Rolex. Passa o Rolex, madame.

À beira da piscina de Ornela, agora mais calma, com um copo de água gelada nas mãos, Carmen lamentava a perda. Culpava a violência urbana do Brasil, enquanto as outras lembravam que ela já tinha idade suficiente para saber que os Rolex são perigosos. Uma vez que seus atributos de distinção são amplamente conhecidos, funcionam para os "de dentro" e para os "de fora". É poder em demasia, a *capacidade imaginativa* desses objetos é mais forte do que a capacidade de controle dos donos sobre eles.

Para seguir com o papo, eu disse a Carmen que abandonasse a fixação por relógios de marca. Ela e as madames não entenderam minha provocação.

— Mas como assim? Abandonar como? Os relógios são importantes. Como vou andar por aí sem um relógio?

Sem paciência, insisti:

— Então, compra outro Rolex.

— Rolex não. Vou comprar um Cartier. Esse bando de pobres não sabe o que é.

Um ricaço deve conhecer o poder das suas traquitanas e saber usá-las com eficácia, de modo que elas gritem para os "de dentro" a riqueza acumulada e, ao mesmo tempo, se mostrem como uma esfinge aos "de fora".

A expansão das redes sociais, dos sites de moda e das blogueiras de luxo tem bagunçado o segredo em torno desses objetos. Com a publicização intensiva, das duas, uma: ou as coisas de rico se hipervalorizam e funcionam para vários estratos sociais — como é o caso dos Rolex e das bolsas Louis

Vuitton —, ou perdem a força e a *capacidade imaginativa*, popularizando-se a ponto de serem vistas como gastas, sem função. Nos dois casos a força propulsora de catapulta perde o viço, fica frouxa.

Minha teoria se comprovou quando Angélica, cuidadora de idosos, me contou que tinha feito uma encomenda do free shop a sua patroa, com viagem marcada para Miami nos próximos dias. Tomado pelos meus preconceitos, eu lhe perguntei se ela compraria os produtos com fragrâncias doces da Victoria's Secret — comum nos banheiros das camadas populares brasileiras por conta das modelos americanas. Ríspida, ela me respondeu:

— Victoria's Secret? Victoria's Secret é o cheiro da pobreza. Eu quero um J'adore.

O J'adore é uma fragrância da Dior, famosa nos pulsos e pescoços das elites mundo afora. Angélica descobriu o produto na internet, experimentou o perfume numa loja da Renner, varejista de moda, e confirmou o gosto numa lojinha de importados no terminal onde tomava ônibus para a periferia todos os dias. Dali, decidiu seu perfume preferido.

O problema, sabia ela, era que essa também era a fragrância mais comum no prédio da patroa. Sem nenhum constrangimento, me disse:

— Quando eu subir nesse prédio fino, entrar no elevador cheirando a J'adore, as madames vão ter que inventar outro cheiro. Onde já se viu, agora empregada tem o mesmo cheiro de rico. O mundo tá acabando.

A provocação faz sentido. A maneira como as elites usam as coisas de rico desperta o interesse de outros grupos sociais. Só que, à medida que se popularizam, as coisas de rico perdem a força e morrem. São peças simbolicamente frágeis.

Não à toa, os quartinhos de empregada viram depósitos de coisas sem uso e os closets precisam ser enormes para abrigar as coisas vivas, as que agonizam e as já falecidas. Diferentemente da Europa, onde bolsas, lenços e joias passam de geração a geração, no Brasil, essa transmissão é rara. As coisas morrem e desaparecem da vida das donas antes de as filhas terem idade para usá-las. O desgaste simbólico é mais acelerado do que o físico.

Judith, uma das mais velhas do encontro na mansão de Ornela, tranquilizou a multidão espalhada pelo jardim. Pediu calma e lembrou a todas que o fato *dessa gente* usar as mesmas marcas não deve ser visto como uma ameaça nem gerar um clamor urgente por renovação.

— Se andam aí pela rua, sendo ou não, todo mundo vai achar que é falso, gente. Calma lá.

E se são falsos, não funcionam.

Engana-se quem pensa que número de série e certificado de compra bastam para um produto ser verdadeiro. Eles só garantem que o cliente comprou o item na loja e pagou caro por ele. Nada mais.

O veredito de autenticidade de qualquer produto de luxo vem da capacidade de usá-lo de maneira adequada. Isto é, o momento de usá-lo, a forma de trazê-lo para a rotina e os meios pelos quais mostrá-lo aos outros. Do contrário, o fantasma do produto falso rapidamente cai sobre quem os usa.

Do ponto de vista nativo, uma bolsa Chanel às cinco horas da manhã, no braço de uma trabalhadora doméstica, na estação da Luz, no centro de São Paulo, será falsa mesmo se a dona tiver prova de que comprou em uma loja da *maison*. Do mesmo modo, a coleção de bolsas falsas no espólio do estilista Clodovil Hernandes, conhecido pelo bom gosto e refinamento, jamais gerou qualquer dúvida. Por anos, ele transitou pelas mansões dos ricaços, foi recebido nos estúdios de televisão e ocupou as tribunas do Congresso Nacional sem que uma alma sequer duvidasse do poder do que carregava.

— *Things come together*, não é, d. Judith? — perguntou Clarissa, mais uma vez perdida entre duas línguas.

A relação entre as coisas e os donos é central ao axioma em inglês, mas também revela outra relação importante. Os ricos precisam estar atentos a quem são, a se estão à altura das coisas e ao melhor momento para usá-las. Os ricos tradicionais aprendem tais estratégias ao longo da vida. O amadurecimento biológico caminha lado a lado com a consolidação das suas posições nas altas rodas.

Quando pedem emprestado um anel com um diamante maior para comer pipoca na casa das amigas e escutam "isso não é pra sua idade, só quando você ficar mais velha"; "é coisa de festa", as meninas vão incorporando as regras de funcionamento das coisas de rico. Do mesmo modo, quando andam pela coleção de relógios dos pais e escolhem o mais caro para sair com os amigos, os meninos são convencidos de que não é nem o momento, nem a ocasião adequada.

Esse conhecimento é passado de geração em geração de tal modo que os ricos tradicionais sabem como operar a diferença, quem devem mirar nessa disputa e quando será preciso voltar à memorabilia da família para guerrear por reconhecimento. Já os emergentes entendem o *things come together* a seu modo. O usual é vê-los usando todas as coisas de rico recém-compradas ao mesmo tempo, em todos os lugares.

Estereótipos, como o da nova-rica que vai à praia carregada de logos de marcas de luxo e joias enormes ou do endinheirado que vai ao boteco da esquina coberto de pulseiras e cordões de ouro, são reflexo da maneira como os novos-ricos entendem os *things come together* — bem diversa dos tradicionais. Enquanto os últimos veem a necessidade de as coisas caminharem lado a lado dos seus donos, em simbiose com o contexto de uso, os emergentes entendem que o esperado é usar tudo junto e misturado. Claudette tinha lá suas razões:

— Eu tô sempre preparada, gente. Eu sei como funciona. Eu chego ali, coloco minha bolsa Louis Vuitton no balcão, tiro minha carteira Michael Kors, assino com minha caneta Montblanc. Minha capa de celular é da Chanel, minha niqueira, da Gucci, meu sapato é Louboutin, meu casaquinho é Tom Ford, meus óculos são Prada. Pode até ter uma coisinha falsa, mas tudo falso não dá. Não tem como. Ela saca. Aqui tem borogodó. Ninguém tá falido aqui, não.

As diferenças são o centro das disputas.

IV
A rinha

22.
Medo

O fato de operarmos a diferença com os pés fincados no manejo das coisas de rico (amigos, redes de relações, experiências, objetos) situa os endinheirados brasileiros entre dois dilemas: um da ordem do permeável, o outro, do paranoico.

O primeiro é fácil de entender. Ao contrário do modelo francês ou americano, a operação da diferença à brasileira é mais aberta a novos entrantes. Um cartão de crédito com limite generoso para bancar as parcelas de uma coisa de rico já é um passo na garantia de reconhecimento.

No entanto, a facilidade com que os arrivistas se metem no grand monde provoca uma paranoia nas elites. Eis aqui o segundo dilema. Sabendo que, com a posse e o manejo correto das coisas de ricos, os "de fora" terão a chance de disputar reconhecimento em seus círculos, as elites fazem de tudo para conservar seus modos e estilos de vida o mais longe possível dos outros grupos sociais. Contato é contágio.

— Já sabe, né? Tombo, topada, queda e formiga. É tiro e queda. Uma casa tomada por formigas é uma vida prestes a ruir pela inveja. Precisa acabar com elas. Escuta — emendou numa pausa longa —, antes que elas acabem com você.

O conselho poderia ter saído da boca de Auguste de Saint-Hilaire, pesquisador francês em viagem ao Brasil no século XIX, mas me foi dito por d. Aurora, senhora de mais de noventa anos, acionista de um banco privado, na varanda de uma mansão do Morumbi, na capital paulista.

Há duzentos anos, numa longa viagem para catalogar a fauna e a flora brasileira, Saint-Hilaire deixou como herança um axioma que nos acompanha até hoje: "Ou o Brasil acaba com a saúva, ou a saúva acaba com o Brasil".

A ideia caiu tão bem no pensamento brasileiro que, vez ou outra, as saúvas voltam à boca do povo. Lá estavam elas no centro dos tormentos de Policarpo Quaresma, personagem da obra de Lima Barreto, depois de tomarem o seu sítio e colocarem em risco seu patrimônio. E, de novo, nas elucubrações de Macunaíma, o herói sem caráter de Mário de Andrade, ao resumir o destino nacional: "Pouca saúde e muita saúva, os males do Brasil são".

O ponto comum ao pensamento de d. Aurora e de seus antecessores mora na ideia de que, onde há saúva, há risco de perda material. Em suas múltiplas versões, a narrativa mítica dá a esses insetos um lugar especial no imaginário brasileiro. Elas são mais do que meros figurantes da fauna.

As formigas são seres do entre. Apesar de transitarem tranquilamente pelas casas, não podem ser consideradas animais domésticos. Estão tão distantes dos *pets* como a terra dos céus. Mas também estão longe de serem vistas como animais selvagens.

Convivem com as baratas, os ratos, as traças, as moscas, os cupins e os mosquitos — todos na mesma situação liminar. Mas ao contrário dos vizinhos de categoria, elas só oferecem perigo quando estão em bando. Um único rato, uma barata ou o zunido de um mosquito solitário pode nos fazer enfrentar noites em claro, sem piscar os olhos, mas uma formiga sozinha é só uma formiga. Não tira o sono de ninguém.

As formigas só despertam medo se aparecem aos montes. Organizadas como um exército, com general, soldados e recrutas, elas comem pelas beiradas, agem aos sussurros, surrupiam o patrimônio de pedacinho em pedacinho. Às vítimas, restam três alternativas: destruir o formigueiro; demarcar bem as fronteiras; ou, por fim, se for tarde demais, abandonar o bem em nome da própria sanidade.

Os ricos brasileiros lidam com os "de fora" como se eles fossem saúvas. Sozinho, um pobre ou remediado é inofensivo. Aos montes, são um perigo e podem colocar em risco o funcionamento do mundo dos ricos.

Assim como as formigas, eles são dominados por uma sanha impossível de satisfazer quando o objetivo é distinção. Uma hora ou outra o exército se embrenha pelos bairros nobres e copia os hábitos dos endinheirados, devorando a *capacidade imaginativa* das coisas de rico de maneira silenciosa. Resta às elites o desafio de manter ativa a operação da diferença.

Para detê-los, como fazem com os insetos, elas agem de três modos: trabalham ativamente para acabar com o foco do problema, se unem para levantar os muros invisíveis da distinção ou, se não houver mais jeito, deixam para trás antigas formas de viver e partem em busca de outras.

Ao longo da vida, por algumas vezes d. Aurora deixou para trás a rotina com medo do ataque das saúvas. Filha da elite da terra de Araraquara, no interior de São Paulo, ela morou em um casarão da avenida Paulista durante a infância. Com o sopro de modernidade pós-Segunda Guerra Mundial, a família decidiu se mudar para os enormes apartamentos do centro da cidade, tidos como modernos e conectados aos modos de vida da metrópole.

Pouco tempo depois, viram a incursão das camadas médias ao bairro. Novos edifícios, com apartamentos de um ou dois dormitórios, sem a suntuosidade das primeiras construções, tomaram a região. Foi o suficiente para a debandada.

Parte dos bem-nascidos disparou em fuga para o sossego de Higienópolis, bairro próximo. Outro grupo seguiu para os

Jardins. E uma última leva debandou para o Itaim Bibi, enquanto os saudosos dos tempos das mansões ocuparam os quarteirões do Jardim Europa.

Na derradeira fuga, nos anos de 1980, d. Aurora deixou o edifício Prudência, na avenida Higienópolis, a mais chique do bairro, e acompanhou o fluxo dos vizinhos ricaços que já não suportavam conviver com gente sem sobrenome, filhos de imigrantes, das camadas médias.

Cansada, d. Aurora seguiu para o Morumbi, vendido como um paraíso blindado contra forasteiros. Ela acreditou.

— Hoje, como estamos aqui no Morumbi? Ilhados no meio de Paraisópolis. A esta altura, na minha idade, eu não saio mais. Esse é um problema sem solução. Devíamos ter agido antes.

É o que andam fazendo os ricaços nos bairros nobres da capital paulista: agindo antes de o problema não ter solução. Enfim, fazendo o possível para deter o formigueiro.

Em 2010, o governo do estado de São Paulo decidiu ampliar a malha metroviária na capital. O plano previa inaugurar, no coração de Higienópolis, a estação Angélica. Como repete Fábio Cury, presidente de uma construtora especializada em prédios populares, os ricaços defendem o progresso, mas *not in my backyard*, não no meu quintal.[1]

A Associação Defenda Higienópolis fez o esperado. Organizados, os líderes saíram pelas ruas do bairro colhendo assinaturas. Bateram à porta de judeus, filhos de imigrantes italianos, diretores de cinema, artistas plásticos, escritores renomados, políticos do PSDB e outros moradores espalhados pelos prédios dos tempos áureos da arquitetura paulistana.

O abaixo-assinado pedia o fim das obras do metrô. Segundo o documento, o transporte público traria um intenso fluxo de torcedores e espectadores de shows ao estádio do Pacaembu, um bando de camelôs e, certamente, uma enxurrada de roubos, furtos, assaltos à porta dos intocáveis. Formigas.

Em entrevista à *Folha de S.Paulo*, Guiomar Ferreira, moradora e psicóloga com um consultório no bairro, resumiu a percepção dos assinantes do documento: "Eu não uso metrô e não usaria. Isso vai acabar com a tradição do bairro. Você já viu o tipo de gente que fica ao redor das estações do metrô? Drogados, mendigos, uma gente diferenciada".[2]

A sinceridade de Guiomar não é comum entre os ricos brasileiros. Eles pensam, mas não falam — ainda mais de forma pública. Em geral, eles se valem de subterfúgios para camuflar o desespero pelo afastamento dos mais pobres. Sempre com algum álibi técnico, neutro ou científico sob as mangas.

Quem cumpriu bem o mandamento foi Mario Carvalho, síndico de um prédio do bairro. Na confusão, à caça de uma desculpa técnica, se lembrou do velho diploma de engenheiro. Com ares de doutor, disse ser contrário ao prosseguimento das obras por razões objetivas, puramente técnicas. "Eu não sou contra o metrô passar pelo bairro. Mas essa estação fica a menos de um quilômetro da estação Higienópolis. A proximidade inclusive aumenta custos de manutenção dos trens devido ao arranque e à frenagem em curto espaço de tempo."

Àquela altura, a fantasia de *antropólogo do luxo* já me rendia, além de oportunidades de pesquisa, alguns trocados. Como ocasional consultor de negócios, aluguei um apartamento próximo dos quatrocentões da cidade. Por proximidade, às vezes me deixava levar pelo discurso nativo, pelas explicações dos moradores para o próprio comportamento. Até que a verve de pesquisador voltava: meus vizinhos estavam dispostos a tudo para manter os muros de pé. Ao lado das associações de moradores e seus representantes, eles estavam ali para deter qualquer mudança capaz de colocar em risco a força das cancelas, guaritas e fronteiras. Essa não é uma especificidade paulistana.

Na Gávea e em Ipanema, bairros da Zona Sul carioca, foi também pública a revolta dos moradores com a possível chegada do metrô. Eles se diziam contra o uso do Tatuzão, uma escavadeira faminta por tirar terra, pedra e areia para a construção dos túneis, e saíram em defesa de um punhado de árvores na praça Nossa Senhora da Paz, ponto central do bairro. Mas todos sabiam que o real interesse era barrar a chegada dos forasteiros. Até hoje, a Gávea não tem estações de metrô. Por lá, todos dormem em paz sobre os túneis já prontos, vazios, por debaixo da terra.

No Brasil, quando o mundo dos ricos roça nos "de fora", a vida é tomada por tensão. As elites protestam, param obras, congelam investimentos, estimulam ondas conservadoras, derrubam presidentes, dão golpes, batalham, enfim, para manter as coisas como sempre foram: cada peça no devido lugar.

Em geral, a tensão se traduz em um cardápio de discursos do medo. Em um estalar de dedos, os órgãos de comunicação, os encontros nos clubes, as reuniões nas mesas do *C-level* das multinacionais, as conversas à beira da piscina e os artigos dos formadores de opinião viram porta-vozes de um medo extremo, medo do contato com "o estranho".

Louise, herdeira de um dos maiores grupos exportadores de papel e celulose da América Latina, estava indignada quando nos encontramos em um restaurante no Leblon.

A razão do mau humor da jovem artista era o problema de uma amiga. Por aqueles dias, a atriz Guilhermina Guinle tinha levado bola preta no Country Club. Juntei minha ignorância com os índices alarmantes da violência urbana no Rio de Janeiro e danei a lamentar uma suposta saraivada de tiros da qual a atriz fora vítima. Errei.

— Que tiro, garoto? Que tiro? Muito pior do que isso. Ela tomou bola preta de quem viu ela nascer. Falsidade pura! Você não tá entendendo nada.

A bem da verdade, eu não estava mesmo.

Eu não fazia ideia de que a poucos quilômetros dali, por detrás dos altos muros do número 1597 da rua Prudente de Morais, no quarteirão mais caro da América Latina, estava um dos espaços mais exclusivos do país.

Criado em 1916, inspirado nas agremiações dos cavalheiros ingleses, o Country Club mantém a aura de *petit comité*, um certo ar de intimidade de quem se conhece há gerações. Os herdeiros fazem dos jardins, da piscina e das quadras de tênis uma extensão das salas de estar e transitam de um canto a outro com a tranquilidade de quem não precisará lidar com estranhos.

De lá para cá, a quantidade de títulos segue a mesma. São 850 sócios predestinados ao privilégio. Isso porque, como me contou Louise, para transitar pelos 12 mil metros do Country é preciso mais do que dinheiro.

— É destino, Michel.

Mesmo que você ganhe na loteria, conquiste o prêmio do *Big Brother Brasil* e tenha dinheiro suficiente para comprar um dos títulos à venda, precisará enfrentar uma minuciosa avaliação das origens, um olhar cuidadoso sobre a trajetória e o rigoroso escrutínio dos outros sócios.

Como manda a tradição importada da Inglaterra, depois de comprarem um título, os novatos têm de articular as relações. Devem ligar para boa parte dos tradicionais frequentadores, para os membros do conselho e apresentar as próprias credenciais. Quando tiverem apoio suficiente, uma ficha com os dados pessoais dos novos entrantes será afixada na pedra — nome dado ao quadro de avisos na entrada da sede.

Na data combinada, o aceite será avaliado pelos conselheiros. Uma urna passará de mão em mão na reunião do grupo para que cada votante possa dar seu veredito: bolas brancas (indiferença), cubos vermelhos (aprovação) e cilindros pretos (rejeição). Caberá ao grupo definir se os novatos estão ou não predestinados a transitar pelos corredores do clube.

Guilhermina, filha de sócio, foi em paz na busca pela própria titularidade. Jamais imaginou o abate. Herdeira dos Guinle, os construtores do Copacabana Palace, e bisneta de Carlos Sampaio, antigo prefeito da então capital federal e fundador do Country, ela transitava pelos corredores da agremiação desde a barriga da mãe. Tinha certeza de que a tradição seria empurrão suficiente para a aprovação. Não foi. Levou cinco bolas pretas e teve a entrada negada.

Louise e Guilhermina se conheceram no deck da piscina do clube ainda quando crianças. São mais de quarenta anos de amizade. Com o passar dos anos, continuaram próximas porque decidiram aceitar com generosidade as escolhas diferentes uma da outra.

Na entrada da fase adulta, uma optou por ser artista plástica, curadora de exposições, se casar com um colega de escola e cuidar dos filhos numa mansão na Gávea. A outra virou atriz de novela, figura fácil nas capas de revista, três casamentos e uma vida fora dos padrões de discrição dos frequentadores do Country. *Foi isso que complicou a vida dela*, me disse Louise.

— Jamais eles aceitariam uma atriz. Muito menos uma atriz casa-descasa, casa-descasa, com título no clube. Quem seria o próximo a encontrar na piscina do clube? Fábio Jr. já foi, José Wilker também, tem o advogado de agora? Quem será o próximo?

A revista *Veja* foi atrás da história.[3] O problema era o marido da vez.

Leonardo Pietro Antonelli constava ao lado de Guilhermina na ficha depositada para avaliação na pedra. Filho de uma família de classe média do Leme, o advogado ficou rico pela sua clarividência tributária. Assim como gurus veem espíritos de mortos, ele descobre brechas na lei e faz seus clientes driblarem as garras do leão e economizarem milhões de reais. Do montante, leva uma parte. Dinheiro suficiente para bancar uma vida de sultão em um palácio no topo de um prédio de Ipanema.

Apesar de compartilhar o CEP com o clube, os sócios não o queriam dentro dos muros do Country. Alguma distância precisava ser mantida. Antonelli tinha dinheiro, mas não tinha uma origem à altura dos confrades. "Ele é um arrivista, um *nouveau riche*" — era como o ranço de classe tomava a boca dos tradicionais.

Quando o mundo dos "de fora" trisca nas altas rodas, alguém tem de organizar um levante para deter o desafeto. As narrativas do medo aparecem e, junto delas, as primeiras tentativas de restaurar as distâncias e uma intensa batalha para definir quem é quem. Inicia-se uma enxurrada de boatos e histórias sobre a trajetória do postulante para que o medo se instaure.

Na maior parte das vezes, os boatos se apresentam de forma fragmentada. Numa fofoca, no meio de uma piada, perdidos em um comentário bobo em algum debate ou como uma brincadeira na boca de presidente de associação de moradores fajuta.

Até que, depois de serem repetidas exaustivamente, assumem o centro das narrativas sobre a vida cotidiana e criam a ideia do perigo do Outro. As narrativas do medo entre os ricaços brasileiros são muito mais do que anedotas ou chistes descompromissados. São formas antecipatórias do agir e do pensar. Elas antecedem "as práticas sociais no sentido de abrir um campo para elas",[4] como bem mostrou o historiador francês Michel de Certeau.

No caso de Antonelli, o burburinho se deu em torno de uma festa no iate *Pink Fleet* do bilionário Eike Batista. Como se não bastasse a junção da palavra festa com emergente malvisto (lembram do cancelamento do casamento de Eike com a Patricinha?) em um barco jumbo ostentação, os boatos carregavam as tintas em uma suposta briga entre o advogado e a ex-mulher — juíza do Tribunal de Justiça do Estado do Rio de Janeiro.

É roçando na língua de Camões, trabalhando o verbo, que, diante do medo, os endinheirados brasileiros reforçam a distinção, "impõem separações, constroem muros, delineiam e encerram espaços, estabelecem distâncias, segregam, diferenciam, impõem proibições, multiplicam regras de exclusão e de evitação, e restringem movimento"[5] — como demonstrou Teresa Caldeira em *Cidade de muros*.

Se o contato desorganiza o modelo classificatório das elites, as narrativas do medo e do perigo o reorganizam e restabelecem as fronteiras entre os "de dentro" e os "de fora". Ponto central da distinção à brasileira. O medo é a última tentativa para deter o avanço das saúvas.

Quando soube, Antonelli tentou se defender. Não adiantou. Bola preta neles!

23.
Finos

Interessado no impacto dos afetos na marcação das fronteiras, saí em busca de espaços onde pudesse observar o dinheiro velho e os emergentes em interação. Foi difícil de encontrar.

Numa fuga de gato e rato, com a mesma rapidez com que os novatos perseguem os ricos tradicionais, os últimos fogem para espaços ainda mais exclusivos. No final das contas, apostei na sorte e deu certo.

Em 2010, à boca pequena, um centro de tratamento milagroso pousou em um dos quarteirões mais nobres de São Paulo. Entre os ricaços do mercado financeiro da avenida Faria Lima, as mansões do Jardim Europa e o movimento enlouquecedor da marginal Pinheiros, os ditames de um médico argentino prometiam emagrecer qualquer um às turras com a balança. Ou melhor, qualquer um com dinheiro.

Ao custo de três salários mínimos por mês, a clínica prometia aos pacientes uma perda mensal de até 10% do peso até o alcance do peso ideal. Quem por lá chegava com cem quilos, logo no primeiro mês tinha 90, no outro 81 quilos e assim sucessivamente até alcançar o peso desejado — magro o suficiente para concorrer com modelos, faquis e lombrigas.

Com dificuldade de entrar nos clubes exclusivos de São Paulo e atormentado pelos comentários dos ricaços sobre meu peso, decidi me render aos ditames do portenho. Foi um empresário, famoso por receitar dietas e suplementos vitamínicos a secretárias, funcionários e amigos, que me sugeriu o tratamento. Ele estava incomodado com a circunferência da minha barriga. "Gordo assim? Não faz bem pra saúde, muito menos pra carreira. Ninguém faz negócios com gordos. É desleixo. Não pega bem."

Como um robô, fui. Sem pensar se era eu ou o antropólogo do luxo que estava a seguir o comando do ricaço.

No pátio da clínica, Mercedes, Porsches, MINI Coopers e outros carrões eram recebidos pelo sorriso treinado dos manobristas. Na recepção, funcionários devidamente uniformizados levavam os curiosos a uma sala privada e mandavam a real:

— A dieta foi elaborada por um médico argentino. São quatro refeições. Café da manhã, almoço, lanche da tarde e jantar. Sem doces, pão, feijão, arroz ou carboidratos refinados. São novecentas calorias por dia.

— Só isso? — perguntou uma executiva, conhecida nas capas das revistas de negócios por internacionalizar marcas brasileiras.

— Sim, senhora — respondeu a funcionária.

— Será que agora a gente fica fina de uma vez por todas?

Ficar fina é uma daquelas expressões com dupla interpretação. Em um centro de dietas com promessas mirabolantes de emagrecimento, ela diz respeito à perda de peso, à diminuição da silhueta e à conquista do corpo magro. Mas, entre os ricos brasileiros, trata também da batalha pelo reconhecimento como um membro do mundo dos ricos.

A correlação de fino da magreza com a finesse da riqueza não é uma coincidência. Carolina Pulici, socióloga com anos de estudos no campo das elites paulistana e francesa, mostra como o controle da alimentação é uma variável fundamental no topo da pirâmide de renda mundo afora.[1] Da Europa aos

Estados Unidos, os ricos avaliam os efeitos de um simples canapé, de um caviar extra ou de uma taça a mais de vinho sobre a circunferência da cintura. Um corpo gordo é sinal claro da falta de controle sobre o próprio comportamento, prova da valorização dos prazeres da natureza em detrimento da castração civilizatória e da falta de racionalização dos modos de vida, traços importantes para as elites mundiais.

No Brasil, comer com parcimônia é um dos atributos mais valorizados. Não à toa em um dos seus livros de maior sucesso, Danuza Leão, jornalista e guru dos bons modos, lembrava aos seus leitores que "mesmo que você adore comer, não se atire no prato como se estivesse saindo de uma greve de fome. Se você for mesmo um Pantagruel, coma uma coisinha antes de sair de casa. [...] Coma pouco. Beba pouco".[2]

A parcimônia no comer, o apreço pelo consumo de pequenas quantidades, a degustação minuciosa de cada colherada levada à boca e a valorização somente dos aspectos nutricionais da comida são a base distintiva da alimentação.

— Agora vamos ficar uma chiqueza só. Nas festas, vai ser só: "Não, obrigada!", "Não, obrigada!", "Não!". Acho chique — concluiu a empresária.

Depois de deixarmos a salinha de apresentações, em um tour pelas dependências da clínica, a funcionária nos levou ao restaurante. Sob a batuta de um time de profissionais com trajetória em restaurantes famosos da cidade, purê de abóbora, peito de frango, folha de alface e caldos sem gosto bailavam pelo salão como se fossem iguarias, a julgar pelo nome e pela apresentação dos pratos.

Salmão ao suave molho de maracujá
Arroz de pupunha com camarões flambados ao perfume de páprica
Risoto de quinoa com *brunoise* de legumes

Pétalas de bacalhau cremoso com bouquet de brócolis
Peras assadas com calda de baunilha ao colorido de spirulina

De segunda a segunda, sofrendo da abstinência dos jantares no Fasano, no Gero, no A Bela Sintra ou no D.O.M. de Alex Atala, os pacientes se deliciavam com a comida de mentirinha. Sem dó, pagavam caro por farofa (de quinoa), pelas massas sem farinha e por um cardápio de sobremesas coloridas sem um pingo de açúcar.

Seja por razões médicas ou pelo apelo simbólico das refeições, aos poucos, na boca miúda, a clínica ganhou um rápido reconhecimento nas altas rodas e se transformou em um polo de encontro das elites na cidade. Afinal, em pouco tempo entregava um corpo magro, uma dieta restritiva capaz de fazer os comilões dizerem não, e um modelo de refeição porcionado e comedido servido em boas louças e com a devida ritualística. Tudo isso, junto da possibilidade de encontrar no almoço os maiores nomes do PIB nacional, despidos das armaduras cotidianas.

Por ali transitavam bilionários famosos e milionários desconhecidos, todos facilmente reconhecíveis pelos assuntos tratados à mesa. Tinha a magricela loira (ex-gorda) a festejar a chance de usar novamente a saia de couro Prada comprada na festa de lançamento da Daslu, meca dos importados de luxo. Um entrevero entre dois marmanjos sobre quem era o melhor eletricista dos apartamentos do Upper East Side, área chique de Nova York. E uma briga ao estilo dos programas policiais entre duas pacientes. Uma delas tinha roubado a cozinheira da outra da Fazenda Boa Vista.

A clínica lembrava muito o dia a dia de um clube. Entre uma refeição e outra, pacientes choravam nas sessões de terapia em grupo. Suavam nas aulas de malhação com personal trainers. Riam da própria desgraça e da saudade da época em que o tempo era medido pela quantidade de garrafas de vinho em cima da mesa nos melhores restaurantes da cidade.

No entanto, ao contrário dos clubes exclusivos, o lugar não tinha barreiras aos novos entrantes. Para deter a invasão, só lhe restava cobrar caro — estratégia fraca para tanto. Os pacientes com desejo de emagrecer e dinheiro para bancar a nova rotina eram prontamente aceitos nos corredores do estabelecimento.

Primeiro, chegaram os artistas. Adriane Galisteu, os filhos do apresentador Fausto Silva, a cantora Baby do Brasil, Claudia Raia, Raul Gazolla. Em seguida, vieram os políticos. Eleonora Menicucci, ex-ministra da Secretaria de Políticas para as Mulheres, perdeu dezessete quilos depois de apostar na cartilha. Então vieram a senadora Kátia Abreu; Miriam Belchior, presidente da Caixa Econômica; e José Eduardo Cardozo, ministro da justiça do governo da presidente Dilma Rousseff. Esta, depois de ganhar bons quilos como contrapeso ao mar revolto do primeiro mandato, também se rendeu aos encantos do médico argentino. Poucos meses antes da posse da reeleição, enviou um chef do palácio à cozinha da clínica. Funcionou. Para surpresa dos críticos, doze quilos mais magra, a presidente subiu a rampa do Planalto sem falta de ar. A clínica virou coisa de rico.

Rapidamente, a pororoca midiática provocada pela mandatária causou um rebuliço no ânimo das elites tradicionais. Se antes a entrada de artistas e políticos, apesar da falta de berço, parecia tolerável, agora, pequenos empresários, pagodeiros, profissionais liberais, corretores de imóveis, donos de franquias de comida e cosméticos, parentes de jogadores de futebol, comerciantes e construtores de shoppings viraram pacientes e tomaram os corredores do lugar. Como esperado, as bordas apareceram. Junto delas, as disputas.

Deu-se a rinha.

24.
Rinha de rico

Nos grupos terapêuticos, a diferença trazida pelos novos pacientes foi logo sentida. Os psicólogos tiveram de adaptar a escuta ao sofrimento do dinheiro novo.

Eu me lembro bem da vez que Regina começou a chorar copiosamente numa das sessões de terapia. As razões vinham das dificuldades de colocar em prática as orientações dos nutricionistas. Ela tinha por volta dos sessenta anos, cabelos curtos, usava óculos de grau sem aro e roupas largas de um tecido com elastano preparado para aceitar as variações de peso com as quais já se acostumara ao longo da vida.

A família fez fortuna com os serviços de uma transportadora. O marido começou como motorista de um único caminhão. Mas, por meio de trabalho duro e uma vida espartana, o casal juntou dinheiro e, pouco a pouco, comprou uma frota preparada para cruzar a América do Sul. Com a firma de pé, Regina decidiu investir no sonho do filho. Abriu uma rede de franquias de cookies com a mesma qualidade dos biscoitos americanos. As guloseimas de farinha, manteiga, toneladas de açúcar e adicionais de chocolates, confetes, macadâmias e pistache vendiam como água nos quatro cantos da cidade.

Como no primeiro empreendimento o olho e esforço dos donos tinham sido a chave do sucesso, Regina se sentia responsável pela administração das receitas e a avaliação rotineira das fornadas. Só tinha um detalhe. O tratamento proibia o consumo de tais alimentos e prescrevia aos pacientes que mantivessem distância de qualquer tentação. O mais longe possível.

— Como eu vou ficar longe do que me dá dinheiro? Que loucura é essa agora? É o meu trabalho. Eu passo o dia sentindo cheiro daquilo, querendo aquilo, eu só penso naquilo — riu brincando com a referência à Dona Bela, da *Escolinha do Professor Raimundo*.

Rebeca, uma senhora com um capacete de laquê loiro, permanentemente de óculos escuros, não conseguia entender. Afinal, era dona de um *family office* especializado em administrar a fortuna herdada há quatro gerações. Quando ia ao trabalho, o único cheiro que sentia era o da pilha de contratos de compra, venda e rentabilidade do patrimônio espalhados pelo escritório. "Agora, veja bem. Que trabalho é esse dessa gorda? Passa o dia cheirando cookie? Paga as contas com pneu e biscoito. Não consigo entender como essa gente veio parar aqui", dizia pelos corredores.

O desprezo com que os tradicionais ouviam os relatos do dinheiro novo criou um fosso na convivência. Pouco a pouco, sem paciência para ouvir o drama dos novatos e preocupados com as perguntas sobre seus hábitos de consumo, os "de berço" deixaram de frequentar os grupos terapêuticos. Fugiram em revoada.

Os esbarrões não pararam ali. O tratamento também previa uma rotina de exercícios físicos como um dos pilares do estilo de vida saudável. Várias vezes ao dia, um professor assumia o posto na sala de treinamento à espera dos pacientes em busca da redenção de toda uma encarnação enfurnada no sedentarismo. Mais faísca. Meus colegas de tratamento tinham suas predileções.

Os novatos almejavam transformar gordura em montanhas de músculos, desejavam séries de movimentos intensas, ritmadas e sem descanso. Já os tradicionais clamavam por exercícios de alongamento, fortalecimento dos músculos e flexão para manter o corpo esguio.

Em jogo, estava o choque entre duas ambições de corpo. Como mostrou a antropóloga Silvia Naidin[1] em uma pesquisa com as elites cariocas, os tradicionais buscam sempre um corpo natural, sem excessos. Eles pagam para ter a *natureza na sua melhor performance*, sem nenhum alarde. O objetivo dos pacientes do dinheiro novo, por sua vez, era inventar um outro corpo, melhor e maior do que a natureza lhes tinha dado. Com dinheiro para comprar tratamentos, suplementos alimentares e uma ampla variedade de farinhas vitamínicas, eles apostavam na *exibição hiperbólica do natural* — como nomeia Naidin[2] — e em uma rotina organizada para ser uma máquina de produção de "ãos": peitão, bundão, coxão, bração, peitoralzão, pernão. Um corpão.

Se visões de mundo diferentes já foram suficientes para criar uma cisão nos grupos terapêuticos, quando os corpos entraram na equação, os problemas se tornaram ainda maiores. Foi explosivo. Os "de berço" não sabiam como lidar com o sonho dos ex-gordos por músculos, e os emergentes se sentiam entediados com a ladainha do *menos é mais* dos tradicionais. De novo, a debandada. Restava apenas um lugar a ser conquistado.

"Aqui não. Aqui não." Rebeca, a senhora do capacete de laquê amarelado, fez voar pelos corredores da clínica a sua posição. O restaurante era a última trincheira a ser defendida.

Até a invasão bárbara dos emergentes, os pacientes mais antigos se espalhavam pelas mesas coletivas sem se preocupar com quem se sentariam. À mercê da roleta da sorte, decerto seria um executivo, herdeiro ou político suficientemente bom para conversar, estreitar as relações ou fazer negócios.

O jogo mudou. Com a nova onda, eles já não conseguiam distinguir quem era quem. Vez ou outra, enquanto comiam, eram obrigados a ouvir as últimas novidades do shopping Tatuapé, ficar sabendo de um lançamento de torres em Santana, das disputas em condomínios em Alphaville ou das maravilhas da última viagem a Orlando. Nesses momentos, ou se engasgavam, ou perdiam a fome. O culpado pelo entrevero era o desprezo pelo comportamento dos novos-ricos.

A solução foi o isolamento. Uma vez que não tinham como expulsar os pacientes recentes da clínica, os tradicionais fortaleceram ainda mais os vínculos de amizade e companheirismo. Trocaram os grupos terapêuticos por sessões de análise individual. Depois, investiram pesado em uma rotina de exercícios com profissionais particulares em casa. Por fim, contrataram os serviços do chefe para cozinhar o cardápio da dieta na cozinha das mansões.

No entanto, a baixa frequência na clínica começou a prejudicar os resultados do emagrecimento. Sem cruzar os portões da igrejinha dos magros e sem a vigilância mútua sobre o peso entre colegas de dieta, os pacientes se tornavam mais permissivos. Comiam mais, bebiam demais e, depois de um tempo, apareciam com uns quilinhos extras. Com o excesso aparente, não havia muito a fazer. Era preciso voltar aos corredores da clínica.

Mais uma vez, Rebeca organizou a retomada. De segunda a sexta, os ricaços ocupariam uma das mesas, com oito lugares, em um canto estratégico do restaurante.

Às 12h30, o primeiro rico dava início ao revezamento dos endinheirados. Por duas horas, os principais nomes do PIB brasileiro se sentariam por ali. A ponto de, em pouco tempo, o lugar ganhar a alcunha de *a mesa Forbes* — em alusão à famosa lista dos bilionários publicada pela revista de negócios. Para evitar incidentes e não gerar maiores constrangimentos, a direção do restaurante colocou uma plaquinha sobre a mesa: RESERVADO. Dali em diante, todos saberiam dos limites em jogo.

As fronteiras simbólicas impostas pelos ricos tradicionais aos "de fora" são mais eficientes quando atores sociais são capazes de percebê-las sem qualquer sinalização clara. Muros, cancelas, seguranças, rituais de bola preta, placas ou pulseirinhas VIPs só devem ser usados em último caso, quando não há alternativa. O ideal é que cada um de nós perceba a própria estrangeirice sem que ninguém tenha de nos contar.

A placa de reservado devia ser só um reforço aos desavisados. Mas, por vezes, a sanha por reconhecimento de um "de fora" cruza os limites e torna os atores cegos a qualquer sinalização.

Priscila, uma blogueira nova-rica, não aceitou as barreiras impostas pelos tradicionais. Foi até a direção da clínica pedir explicações. "Por que aquela é a única mesa da clínica com aviso de reserva? Por quê? Me diga!"

Sem uma resposta plausível, a jovem insinuou se sentar junto aos tradicionais. Eles fingiram não ouvir. Na outra semana, com o restaurante lotado, sem convite, ela tomou um dos assentos à mesa. Ninguém lhe dirigiu a palavra. E então quinze dias depois, tomada por um ódio profundo ao desprezo dos mais antigos, chegou mais cedo com um grupo de amigos e não deu a mínima ao aviso de exclusividade.

Diante da iminência do caos, o pessoal da clínica ficou tenso. Eles pediram, em tom de súplica, que a blogueira se levantasse prontamente. Ela se negou. Eles insistiram. Não houve acordo.

— Eu cheguei primeiro. Não tem nome de ninguém aqui. Eu cheguei primeiro.

Da recepção, Rebeca ouviu a confusão. Armada pela verve, protegida pelo capacete de laquê e com o dedo em riste, falou o que todos já sabiam:

— Calma lá. Primeiro em quê? Vocês chegaram ontem, queridinha! Nós estamos aqui há muito tempo. Muito tempo! Desde sempre! Respeite a minha história!

Priscila se levantou em silêncio. Faltava-lhe tempo para a reação.

25.
Tempo rei

O coro é uníssono. Onde há um rico, há alguém disposto a vaticinar quem é herdeiro ou emergente. A caça insana por sinais, por índices de comportamento definidores do tipo da riqueza, traz em si um viés mais acusatório do que analítico.

Quando o rotulador de tipos de riqueza não concorda com a maneira como o ricaço gasta o próprio dinheiro, sente-se à vontade para vaticinar: "isso é coisa de novo-rico". Mas, se for tomado por inveja ou admiração, o jogo muda. Às pressas, atestam bom gosto e refinamento — adjetivos comumente atribuídos aos tradicionais.

Depois de anos de convívio com os endinheirados brasileiros, descobri que tais distinções são como castelos de cartas. Elas existem, têm alguma materialidade, mas são frágeis. Diante de um sopro ou descuido, desmoronam.

Salvo raras exceções, a sofisticação dos tradicionais é feitiço capaz de cegar os desavisados. De modo geral, os ricos de berço no Brasil não leem e compram livros a metro, desconhecem os designers do mobiliário nacional e se agarram ao gosto dos arquitetos e decoradores do momento, frequentam restaurantes pela fama do chef, adquirem obras de arte como se fossem bolsas e participam dos conselhos dos museus para reforçar as redes de relações e vender aos "de fora" a ilusão de que são melhores. As diferenças entre um tradicional e um emergente se resumem à forma, a uma fina camada de verniz. Ao riscá-la, é possível ver que são todos parecidos, vivem dramas e dilemas similares.

Mas a pergunta fundamental persiste: onde mora a diferença?

Voltei aos cadernos de campo. Minhas anotações apontavam para algo simples, já sabido, mas deixado de lado como se fosse senso comum.

A oposição entre as categorias sociais *dinheiro velho* e *novo-rico* não se dá em relação aos parâmetros de elegância ou distinção — essas, sim, são atribuições morais e categorias de acusação —, mas à quantidade de tempo investido na operação da diferença e em como mobilizam a memória nas narrativas cotidianas. Nada mais.

Os herdeiros são vistos como tradicionais porque investiram dezenas de anos na batalha pela distinção. Já aos novatos, recém-chegados às altas rodas, falta o uso do tempo como motor na invenção das identidades, com força de criar pontes, gerar metamorfoses sociais e garantir acessos, construir muros altos o suficiente para excluir. O tempo das elites é um intervalo suficiente para inventar uma tradição.

Eric Hobsbawm e Terence Ranger, em *A invenção das tradições*, demostram que até mesmo as mais antigas, de tempos imemoriais, cuja origem é difícil de localizar em um determinado período, foram criadas para justificar uma posição ocupada no jogo social. O rococó da decoração, o apreço por viagens a lugares exóticos, a preocupação com a limpeza das louças e da prataria da família, entre diversos outros exemplos, não são fruto do acaso, mas o resultado de um "conjunto de práticas [...] [que] visam inculcar certos valores e normas de comportamento através da repetição, o que implica, automaticamente, uma continuidade em relação ao passado".[1]

Para serem reconhecidos como parte das elites, os endinheirados têm de manejar com habilidade as duas facetas do tempo. Uma interessada em reafirmar a posição já conquistada, o lugar ocupado e os vínculos com a tradição — o *tempo legitimador*. Outra mais preocupada em marcar os pontos de virada na própria biografia e acelerar o processo de autotransformação para que, com dinheiro no bolso, consigam conquistar o acesso às altas rodas — o *tempo transformador*. E, para se manterem dentro das altas rodas, os ricos precisarão se equilibrar entre os dois.

De maneira geral, os ricos tradicionais tentarão, por suas histórias e memórias, se apropriar do *tempo legitimador*, esforçando-se para reforçar vínculos com passados imemoriais como se estivessem nas posições de poder *desde sempre*. Já os novos-ricos têm pressa na autotransformação, em acelerar o vínculo de pertencimento ao grand monde e em marcar quando tudo mudou. O *tempo transformador* é o principal aliado. Nas histórias contadas, suas narrativas tendem a valorizar as datas com precisão para lembrar os marcos da ascensão. Suas histórias de vida são lembradas a partir dos *pontos de virada*.

Tanto no dinheiro velho, quanto no novo, o tempo é rei.

26.
Ponto de virada

(o tempo dos emergentes)

Mário Jorge dava soquinhos no volante da Land Rover recém-comprada como se a força fosse capaz de fazer o carro passar por cima do engarrafamento.

Deixamos o apartamento do casal quatro horas antes da decolagem de um voo da American Airlines rumo à bendita viagem de compras para a qual eu fora convidado semanas antes, no jantar no Gero. Os planos previam o encontro com as amigas de Claudette no saguão e o embarque para Miami. Eu, em algum assento imprensado na classe econômica. Elas, no bem-bom da executiva.

Àquela altura, minha única preocupação era acompanhar de perto a sanha enlouquecida da trupe pelos shoppings, outlets e restaurantes a fim de produzir um relatório de pesquisa capaz de convencer de que eu era o antropólogo do luxo.

"Bom mesmo é comprar em Miami, Michel. É tudo!" Ressoava na minha cabeça o bordão repetido excessivamente pelas ricaças desde o jantar no restaurante italiano, quase dois anos depois do nosso primeiro encontro em Palm Beach.

Claudette, no banco da carona, mantinha os olhos fixos no relógio. Impaciente, temia não chegar a tempo. Para dar fim ao pensamento obsessivo, abriu a bolsa e sacou um pen drive. Mirou na entrada do rádio do carro, mas, por conta das unhas ou dos nervos, não conseguia conectar a traquitana ao aparelho. Foi quando se desesperou.

— Mário Jorge, vou quebrar minhas unhas caríssimas ou vou quebrar o rádio do seu carro. Escolha! Sem minhas aulas de inglês eu não posso ficar. *You must speak English! We must speak English!*

Temendo o pior, o marido brecou o carro e resolveu o problema. Em poucos segundos, uma voz com tom de dublador de filme de comédia romântica tomou o ambiente e fez de Claudette um papagaio. Sem pausar, ela seguia os comandos e repetia:

You must speak English. Repeat.
[...]
You have to speak English. Repeat.
[...]
You should speak English. Repeat.
[...]

Do nada, a mulher testou os conhecimentos do marido, o imprensou numa curva gramatical e lhe cobrou explicações sobre os diferentes usos para o *must*, o *should* e o *have to* tal como faziam os vários livros de inglês acumulados pela casa da família na Barra da Tijuca.

Eles moravam no Golden Green, um condomínio de luxo repleto de vizinhos famosos, mas Mário Jorge, pelas dificuldades com a língua, insistia em dizer por aí: "Eu moro no Goldi Gri, com minha mulher e minha filha e nosso cachorro Pity". Bem... Peter era um lulu da Pomerânia importado da Polônia com apenas três meses, mas por conta dos tropeços do dono da casa já atendia pelos dois nomes. Era Peter e Pity.

Assim como outros tantos novos-ricos, Claudette sofria com uma obsessão por aprender inglês e desprezava quem não passeava com facilidade pelo vernáculo.

A sanha pela fluência é resultado da maneira como os emergentes operam a diferença e separam os "de dentro" dos "de fora". É reflexo de uma visão de mundo binária, de uma lógica orientada pela lei do contém ou não contém inglês. Quem tem, é visto como chique, integrante das altas rodas. Quem não tem, está fora do jogo. A fluência na língua é um dos marcos iniciais na ascensão de um novo-rico, o primeiro *ponto de virada*.

Nessa toada, quando ganham dinheiro, os emergentes entram em uma batalha para conquistar o domínio da língua. Eu vi de perto dezenas de mulheres deixarem o trabalho formal para se dedicar às aulas diárias com professores particulares ou em cursos intensivos próximos de casa. Acompanhei a procura por escolas internacionais para os filhos antes mesmo de eles aprenderem o português. Estive por perto quando negociavam os detalhes das viagens de férias a Miami, Orlando e Nova York com a desculpa da diversão, mas sabíamos, eu e eles, que aquela era mais uma oportunidade para treinar a língua.

O desespero por acelerar o aprendizado faz parte do pacote de ações do *tempo transformador*. É preciso correr. Depois de acumularem montanhas de dinheiro, eles batalham para introjetar alguns comportamentos reconhecidos (por eles e pelos outros) como de elite para que se sintam e sejam percebidos como tais. Eles têm alguma razão.

Uma pesquisa realizada pelo British Council em 2023 mostrou que 5% da população brasileira tem domínio da língua inglesa. Só 1% tem plena capacidade de entrar numa conversa, participar de uma reunião de trabalho ou assistir a uma palestra dando conta de todo o conteúdo. É coisa para poucos. Como desejam ser um desses, os novos-ricos batalham duro para adquirir plenos conhecimentos da língua. Só tem um problema. Ao contrário dos objetos de consumo de luxo e outras coisas de rico, disponíveis nas lojas e fáceis de serem adquiridos por quem tem crédito, fluência cobra tempo. E o pior, um tempo que na maioria das vezes os novos-ricos não têm.

Segundo o Common European Framework of Reference for Languages (CEFR), são necessárias mais de 1200 horas de estudo de inglês para ganhar fluência no idioma. Se tomarmos como base o curso intensivo frequentado por Claudette e suas amigas, de duas horas diárias, cinco vezes por semana, a formação demoraria mais de dois anos. Tempo demais.

Para acelerar o aprendizado, os emergentes fazem tudo. Viajam com frequência às cidades americanas, vivem atormentados pelas vozes das gravações cobrando frases prontas, se preocupam em ver os filmes de Hollywood no idioma nativo mesmo que não entendam nada. Por fim, como um teste do aprendizado, saem por aí misturando inglês com português ("*Hey, darling*. Bom dia! *How are you?*") como se o mundo também vivesse com a cabeça no entre; entre lá e cá; entre Camões e Shakespeare; entre aquilo que se é e o que se deseja ser.

Claudette estava tensa. O voo para Miami era mais do que uma viagem de férias. Era uma prova do quanto o investimento de tempo e dinheiro nas aulas tinham lhe dado o estofo para enfrentar a vida cotidiana no país estrangeiro. Mário Jorge a provocou:

— É agora, Michel. É agora que eu quero ver se esse caminhão de dinheiro gasto deu em alguma coisa além do verbo *tu bi*. Num é?

A mobilidade social coloca os novos-ricos em uma posição intermediária, liminar, *in-between*, entre dois mundos. De um lado eles não se sentem mais parte das classes populares, do outro, no mundo dos ricos, são estrangeiros. Não são parte, não entendem as regras e os códigos e têm dificuldade para se inserir. São atravessados por um sentimento permanente de inadequação.

Para suportar a própria estrangeirice, os novos-ricos precisam embarcar em uma jornada de metamorfose social. Eles vão repensar as biografias, redefinir projetos futuros e se vestir com outras armaduras para enfrentar as batalhas no topo da pirâmide. Esses são *pontos de virada*, momentos centrais no ciclo de metamorfose social que têm força de separar o antes do depois. Por esses marcadores de posição, lembrando com precisão a data, os lugares e os detalhes, que os indivíduos acionam o *tempo transformador*.

O percurso de metamorfose social se divide em três etapas: a busca por zerar o passado; a invenção de um novo eu; e, por fim, a batalha por pertencer. Mas o ciclo só se inicia se os emergentes conquistam alguma noção do dinheiro ganho e se dão conta da necessidade de serem reconhecidos como parte do mundo dos ricos.

Feito isso, dá-se a primeira fase do ciclo da metamorfose social. Com uma gordurinha no orçamento, eles focam em resolver as celeumas do passado. Em especial, dos familiares. A trilha é conhecida: se moram de aluguel, pagam os atrasos. Se os pais vivem de favor, realizam o sonho da casa própria. Quitam dívidas antigas, matam financiamentos de carros ou imóveis, limpam nomes de familiares no Serasa, matriculam os filhos em escolas particulares, contratam planos de saúde para si e para os parentes mais próximos, pagam curso de inglês para os sobrinhos, reformam a casa de um parente e distribuem presentes. Quando muito, compram um objeto de consumo, uma coisa de rico muito desejada na fase pobre — mesmo que sem a força propulsora de outros tempos.

Nos almoços e jantares, ostentam os pratos com camarão. Exaltam o tamanho dos crustáceos. "É um camarão VG, hein! VG! Very Grande!" Não perdem a oportunidade de citar a origem dos produtos. "É do Guarujá. As lagostas vieram do Chile. O salmão é importado. Aproveitem." Falam de postas de bacalhau norueguesas, picanhas uruguaias e entrecôtes argentinos como se o mundo não fosse globalizado e a economia brasileira ainda estivesse fechada a produtos importados tal como era nos anos de 1980.

A fase de uma curtição mais individual ou mais voltada para a família nuclear (o marido ou a esposa e os filhos) só começa com a tentativa de inventar um novo presente. Esse tempo é marcado pela busca por se inserir em novos espaços de sociabilidade, pela aquisição de outros hábitos de consumo e modelos de comportamento.

É chegada a hora de os emergentes começarem a se interessar por viagens a praias e resorts *all-inclusive* espalhados pelo Brasil, procurarem listas de restaurantes nos bairros mais abastados, saírem à caça da papelada necessária para a primeira viagem internacional, e, por fim, mudar de casa.

No Brasil, toda invenção de um novo eu passa, necessariamente, pela mudança e pela compra de uma nova casa, com mais espaço, mais conforto e mais regalias e parafernálias.

Não são poucos os ditados populares sobre a correlação entre a casa e as etapas da vida no vernáculo. Eles sabem das coisas. O *quem casa, quer casa* é mais do que uma recomendação de privacidade aos recém-casados ou um aviso sobre os possíveis conflitos familiares impostos pela coabitação com uma terrível sogra. É uma metáfora do impacto dos rituais casamenteiros sobre as subjetividades dos indivíduos, que lhes cobrará uma morada com a lógica, a cara e o ritmo dos pombinhos. Sem isso, fica difícil atravessar tamanha transformação. Pela tradição, sem casa, o casal não casa. Dado que não negocia espaços, não discute planos, não constrói projetos futuros, não administra desentendimentos e não mantém rituais próprios.

Roberto DaMatta, um dos pioneiros da antropologia brasileira, em seu clássico *A casa & a rua*, lembra que no Brasil a casa é mais do que um espaço geográfico, com quatro paredes e um telhado. Ela é um "espaço moral", com "esferas de ação social, províncias éticas dotadas de positividade, domínios culturais institucionalizados e, por causa disso, capazes de despertar emoções, reações, leis, orações, músicas e imagens".[1] A casa brasileira é um lugar que dá lugar aos moradores. Para viver, dormir, cozinhar e trabalhar, mas, sobretudo, para inventar um eu apto a enfrentar os dilemas do mundo.

Os novos-ricos, guiados pelo desafio de se inserir em outros contextos sociais, enfrentam uma intensa maratona de trocas de endereço de modo que consigam encontrar um lugar capaz de abrigar suas novas identidades. Afinal, *casa nova, vida nova*, e vice-versa.

O movimento é tão central à ascensão social no Brasil que Mário Jorge e seus amigos ficaram surpresos quando contei que Warren Buffett, investidor americano com uma fortuna de 162 bilhões de dólares, morava na mesma casa em Omaha, no estado do Nebraska, havia mais de sessenta anos. "Eu só mudaria se encontrasse uma casa que me fizesse mais feliz. Não encontrei até hoje", Buffett se justificava nas entrevistas aos jornais.

Mário Jorge não conseguia entender:

— Mas como ele se virou com tudo que comprou depois de rico?

Em Miami, de pé na entrada do Carpaccio, restaurante chique do Bal Harbour Shops, reconheci Claudette entregando as chaves do carro ao manobrista do shopping. Tinham se passado 24 horas da nossa partida do aeroporto no Rio de Janeiro.

Sobre saltos finos, uma enorme bolsa pendurada no antebraço a ajudava na performance de equilibrista. Sob o risco de queda, ela acenou de longe. A distância do carro até a entrada do restaurante não era maior do que 150 metros. Mas o trajeto foi feito aos pulinhos. *Tac tac tac.*

Lelê, Dadá, Crê, Zu, Val, Rô e Fatinha faziam parte da trupe de desbravadoras em terras americanas. Eu já as conhecia de outras ocasiões, mas Claudette insistiu em refazer as apresentações.

— Aqui é outro país, Michel. Lá é lá. Aqui é aqui. Quem você conhece lá, é outro aqui. Ok? — ela riu tapando a boca como de costume. — Lelê, Dadá, Crê, Zu, Val, Rô e Fatinha — repetiu.

Fiquei preso ao encadeamento melódico e à naturalidade com que ela apresentava cada uma das amigas por meio de apelidos e falava com tranquilidade que, em Miami, elas eram outras. Eram mesmo. Muito mais nervosas, esfuziantes, afobadas e sem filtro para viver e dizer absurdos proibidos nas cercanias da Barra da Tijuca.

Entusiasmada pelo reencontro, Claudette viu uma de suas unhas postiças vermelhas bater na alça da bolsa de luxo e voar. A cola não foi suficiente para segurar a pressão do choque com o couro. Foi um desespero.

As amigas ordenavam a caça à unha no movimentado estacionamento do Bal Harbour. Perdidas entre os verbos em inglês, gritavam todo o vocabulário aprendido nas apostilas dos cursos no Brasil:

— *Search! Look for! Seek! Find ouuuuut!*

Até que uma, menos avançada nas aulas, ordenou:

— *Google it!*

Mas foi prontamente corrigida por uma delas:

— Amiga, esse não dá. É só pra coisas de internet. Aqui é vida real — Eu morri de rir.

O imbróglio não demorou muito. Em pouco tempo, não mais de cinco minutos, o pedaço de unha vermelha foi encontrado pelos funcionários em um canto do gramado. Foi o suficiente pra Claudette desandar a falar.

— Meninas, fiquem calmas. Foi só uma unha. Aqui é tudo postiço. A unha é postiça. O cabelo de Lelê é *mega hair*. O peito da Crê é silicone. O olho azul de Val é lente. O bumbum de

Fatinha é calcinha de enchimento. Os dentes de Dadá são lentes. Ainda bem que foi só a unha. Podia ter sido pior, *darling*. *Postiço. Prótese.*

Ao ler o relato desse evento no meu caderno de campo, volto aos dicionários. Dizem eles:

postiço
1. que se coloca para substituir o natural que já não existe, ou para mudar a aparência; artificial, falso
2. acrescentado depois de pronta a obra

prótese
1. dispositivo implantado no corpo para suprir a falta de um órgão ausente ou para restaurar uma função comprometida

Substituir o natural, mudar a aparência, acrescentar depois de pronto, suprir a falta. A unha, o cabelo, o peito, a cor dos olhos, o tamanho da bunda, o sorriso e, sobretudo, os apelidos adquiridos depois da ascensão nada mais são dos que índices de uma engenharia de transformação vivida pelos novos-ricos para enfrentar a batalha por reconhecimento.

O postiço revela a presença do excesso para suprir uma falta. É o resultado de uma experiência no presente, na qual o herdado, o nato, o apreendido, não serve mais de nada. Os atores precisam de novas armaduras para enfrentar a árdua batalha pelo reconhecimento entre os ricos.

Foi só nesse momento que me dei conta de que naquela história nem os nomes eram verdadeiros, não eram os registrados nas certidões de nascimento. Os nomes usados na viagem a Miami eram de batismo, mas de um batismo recente, de quando as emergentes passaram a frequentar os salões da riqueza e foram obrigadas a renascer para uma nova vida.

Foi num desses rituais de passagem que Lelê passou a ser o nome de Leonilce. Dadá, de Darlene, Crê vinha de Cremilda, Zu de Zuleide e Val eram as três primeiras letras de Valdirene. Rô nasceu Romilda. Fatinha achou chique assumir o diminutivo de Fátima mesmo. Já Claudette, mesmo depois de ter ganhado a alcunha de Clau, para mim, permanecia como na certidão de nascimento. Ela se defendia: "O antropólogo do luxo disse que meu nome é lindo. Ele sabe das coisas".

O artifício revela mais do que uma tentativa de simplificar um vocativo por outro mais curto, singelo ou fácil de falar. É o ápice de um contínuo processo de autotransformação, no qual os emergentes precisam abandonar o passado para assumir uma nova persona, um outro self, apto a caminhar pelos salões, adaptado aos melhores hotéis, às piscinas dos clubes e outros cenários.

O trabalho de autotransformação é duro, lento, requer o manejo do tempo e tem impactos sobre vários setores da vida. O processo, vira e mexe, é permeado por tropeços. Valdirene virou Val por acidente — anos antes da tal viagem a Miami.

Depois de comprar um apartamento numa das torres espelhadas de South Beach, os Silva começaram a frequentar a área de lazer do condomínio. Apesar de o prédio roçar as areias da praia, os novos moradores preferiam passar o tempo nas áreas comuns do edifício a entrar em contato com a natureza. Interessava-lhes mais o gentio do que a vida nativa.

Aliás, só um novato se surpreenderia com tal gosto. Qualquer visita rápida a um condomínio de novos-ricos, no Brasil ou no exterior, deixa claro que o gosto dos Silva não era incomum. Trata-se de um processo compartilhado por milhares de novos-ricos espalhados pelas metrópoles brasileiras.

Não há um final de semana em que a piscina das fortalezas de emergentes na Barra da Tijuca não fiquem lotadas, um só dia em que os usuários das academias dos espigões do Tatuapé não disputem os aparelhos na rotina de exercícios diários ou os ricaços do agro não briguem por um *slot* (tempo livre) nas quadras de tênis dos Alphavilles de Goiânia, Manaus, Cuiabá, Campo Grande, Fortaleza.

É no convívio intenso com outros novos-ricos que os emergentes dão início a um intenso processo de metamorfose social, se atualizam sobre as credenciais necessárias para participar das altas rodas, testam as novas identidades e se transformam.

Os novos-ricos pagam caro para morar em condomínios de luxo mais pelo efeito simbólico, pelo papel da mudança na construção das novas identidades e pelo caráter educativo da nova morada sobre suas vidas do que pelas benesses físicas da construção ou pelas promessas de bem-estar.

É como se durante a compra, enquanto escutam os corretores discorrerem sobre o tamanho dos apartamentos, a qualidade dos porcelanatos, a presença de seguranças uniformizados, as academias ou piscinas cobertas, eles se preocupassem só em ouvir "público refinado, alto padrão, moradores AAA" — parte fundamental na venda de um empreendimento desse tipo.

Eles pagam para conviver com os iguais, para se sentirem iguais. O modelo é, por si só, homogeneizador "conforme certas regras de estilo. [...] Uma região, isolada do resto, onde se poderia livremente exercer a convivência e o sentido de comunidade entre iguais"[2] — como bem pontuou o psicanalista Christian Dunker.

Pode reparar. Quando perguntados sobre onde moram, os novos-ricos não dizem a rua, o endereço, o bairro. De pronto, respondem: Les Résidences Saint Tropez, Barra Garden, OceanFront, no Rio. Tamboré 1, 2 ou 3, em São Paulo. Se for no interior do estado, eles têm uma casa de campo na Quinta da Baronesa, na Fazenda da Grama ou na Fazenda Boa Vista. Os mineiros fugiram do burburinho da capital para o Vila Castela, Quintas do Sol ou para o Morro do Chapéu. Em Curitiba, eles se mudaram para o Palazzo Lumini, um prédio com apartamentos com mais de oitocentos metros quadrados no Ecoville.

Morar em um bom condomínio ameniza as diferenças, as trajetórias distintas e realça a posição comum entre os moradores. É na beira da piscina, no bar do prédio, na visita rotineira aos vizinhos que eles acionam o *tempo transformador*, se inventam e criam uma *identidade postiça*, uma carapuça colada na própria pele (com apelidos, novos amigos e objetos de luxo recém-adquiridos) útil ao trânsito pelos espaços dos ricos. Com Val e o marido, não foi diferente.

Depois de comprarem um amplo apartamento com vista para o mar de South Beach, a família percebeu que teria de passar mais tempo fora do que dentro da propriedade. Os mais de 180 metros quadrados não bastavam para os anseios da família. A *graça de ir a Miami* era encontrar os vizinhos na área de lazer do condomínio ou frequentar shoppings e restaurantes lotados de latinos desesperados por viver o *American way of life*.

Geyze, a filha do casal, completaria quinze anos em poucos meses e uma enorme festa para seiscentas pessoas estava preparada. No entanto, com o fortalecimento dos vínculos, os Silva foram obrigados a expandir a lista de convidados e incluir os vizinhos de Miami.

— Ia ficar muito, muito chato não chamar, não acha? — me perguntou Valdirene, em uma conversa na qual ela mesma perguntava e respondia suas questões.

Coube a Valdirene e Geyze a entrega de cada um dos convites. No Brasil, do Itanhangá à Penha, bairro de origem da família, tudo transcorreu sem problemas. Os convidados abriam os envelopes e se surpreendiam com a beleza, o cuidado e o dinheiro gasto com um pedaço de papel. O desastre se deu foi na terra do Tio Sam.

Su Pereira da Costa abriu as portas do apartamento e as convidou a sentar perto do paredão de vidro defronte ao mar. Val, com as pernas cruzadas sobre o sofá de couro branco da usineira de Alagoas, tirou os convites de dentro de um saco de pano.

Com um arremedo de intimidade conquistado na piscina e no restaurante do condomínio, Su abriu o envelope e leu as primeiras palavras. No topo do convite, os genitores, Valdirene e Juscelino Silva, convidavam para as bodas da filha. A convidada não conseguiu guardar os pensamentos.

— Val, deixa eu te falar uma coisinha, querida. Não tenha medo de se assumir não. Valdirene, óóóó, ficou pra trás.

Su empurrou o ar com a palma das mãos e emendou:

— Agora é Val. Não é assim que todo mundo te conhece aqui no condomínio, queridinha? Outra coisa. Silva não. Silva é qualquer coisa, né? Tem um monte de homônimo por aí. Souza e Silva. Usa os dois sobrenomes. É mais chique.

Quando não tinham origem europeia definida, os novos-ricos tendiam a usar os dois sobrenomes da certidão de nascimento. Quem não nasceu Marchiori, Maletta, Varella, Roale, Beser, Bernadelli, Schultz ou Cohen, dava um jeito de juntar o nome das famílias materna e paterna como se fosse uma coisa só, como fizeram os Buarque de Holanda, os Viveiros de Castro, os Monteiro de Carvalho, os Mayrink Veiga e outras tantas famílias desde os tempos do Império.

Na tentativa de emular os comportamentos das elites tradicionais e apagar o berço pobre, os emergentes tendem a juntar dois sobrenomes como se fosse tudo culpa da tradição, não do acaso fortuito, afetivo e sexual, entre uma Souza e um Silva. Foi assim que, dali em diante, Valdirene virou Val. Os Silva assumiram o brasão dos Souza e Silva.

Só tinha um problema. Junto da oportunidade de o batismo marcar o novo nome para toda a comunidade, havia uma pilha de seiscentos convites impressos com a alcunha antiga.

Val não perdeu tempo. Saiu do apartamento da amiga e ligou para a cerimonialista. Começou o telefonema dando ordens.

Mandou, sem nem perguntar o preço, que todos os convites fossem refeitos com os novos nomes e sobrenomes.

— E os impressos? O que a gente faz, Val? — perguntou a voz do outro lado.

— Manda pra Penha — ela respondeu, sem pestanejar, se referindo ao bairro pobre do subúrbio do Rio de Janeiro onde ela e Juscelino nasceram.

Por lá, ela ainda era conhecida pelo nome de nascença.

O postiço é a alegoria de uma vida no entre, instável, em constante mutação e múltiplas contestações. Ele persiste até todos acreditarem que a prótese, por estar ali há tanto tempo, já faz parte do corpo, do novo eu. O segredo é fazer os outros acreditarem que se é o que se é *desde sempre*.

27.
Desde sempre

(o tempo dos tradicionais)

Num canto da sala da mansão de um empresário na Gávea, dois conhecidos ex-embaixadores ostentavam o crachá de lobista. Desde os anos 2000, tinha virado costume oferecer cargo nos conselhos de grandes empresas a diplomatas e ministros de Estado. A burguesia tem seus rituais de reciprocidade. Os empresários se comprometiam em encher o bolso dos aposentados de dinheiro em troca da influência e do livre trânsito pelos palácios de Brasília. O esquema funcionou.

Apesar dos ganhos financeiros conquistados com a aposentadoria, os dois estavam indignados com as transformações na diplomacia. Lula, ainda no seu primeiro mandato como presidente, impôs inovações cujas reverberações são sentidas até hoje.

O bojudo, careca e com uma papa caindo sobre o nó da gravata reclamava, com desprezo, ao colega magro, com pernas compridas e queixo pontudo — tão grande quanto seus membros inferiores — dos últimos anos do Itamaraty. Juntos, pareciam a versão rica de *O gordo e o magro*.

— No outro dia, não veio um sujeito simpático apresentar as credenciais pra me pedir uma indicação ao colega da ONU? Pois veio! Parecia bem formado. Mas não sabia o básico de uma apresentação.

Por básico, ele esperava mocassim Church's ou de outra marca italiana, terno bem cortado, camisa com as iniciais bordadas e gravata Hermès para arrematar.

— Numa hora dessas, é só perguntar qual turma — o magro seguiu com a conversa.

— E eu perguntei, meu caro. Ele me disse, sem nenhuma cerimônia. Falou-me ainda com um certo grau de orgulho: "Sou de 2008".

— Aquele ano da loucura? Que eles colocaram 115 dentro do Itamaraty, não foi?

— Sim, sim. Eu fui claro: "Olha, essa sua turma é muito complicada. A gente não sabe quem é quem. Preciso averiguar... Averiguarei!". É claro que não o chamei. Não havia condições.

Eu, interessado nos detalhes da conversa, me meti no assunto.

— Complicado? Como?

Até os anos 2000, a carreira diplomática era um projeto gerido pelas famílias tradicionais. Uma casta fechada, com casamentos entre sobrenomes conhecidos, disposta a preparar os rebentos para repetir a tradição familiar.

Os novatos sabiam que bastava não cometerem erros, que sem muito esforço ocupariam, depois de décadas, cargos de destaque nas representações brasileiras espalhadas pelo planeta. Ao final da vida, andariam pelas ruas das cidades e seriam cumprimentados com a devida reverência. "Bom dia, embaixador." "Como vai, embaixador?" "Passar bem, embaixador."

Como bem mostrou a antropóloga Cristina Patriota de Moura,[1] filha, neta e sobrinha de diplomatas, era comum (até mesmo desejável) que os profissionais fossem filhos de embaixadores de outrora. Para além dos conhecimentos técnicos, era esperado dos novatos o domínio de um conjunto de regras não ditas e impossíveis de serem ensinadas nas salas de aula do Instituto Rio Branco. Era de bom-tom que o habitus viesse de casa.

Com os pais, aprendia-se o importante da profissão. O cuidado com a entonação, a escolha acertada do vocabulário, a maneira equilibrada como tergiversar sobre problemas complexos, o jeito de sentar-se à mesa, um pretenso fascínio pelas artes e a sobriedade no vestir-se. E com os colegas de trabalho, professores e embaixadores, o básico. Tudo ao contrário.

Afinal, como ouvi do bojudo, não ficaria bem ver os grandes da instituição ensinando aos novatos sobre regrinhas de *dress code*.

— Imaginem a cena. "Meninos, atenção: às segundas e terças, terno escuro. Preferencialmente cor de chumbo ou azul-marinho. Precisa ser de cor escura. Às quartas, terno príncipe de Gales. Um quadriculado de bom gosto. Às quintas, cores claras. Para finalizar, nas sextas-feiras, saião. Um paletó mais escuro com calça clara. Ou vice-versa."

— Eles pareceriam aquela senhora do *Fantástico*. A tal da Glorinha Kalil. "Chiques!" — o magro repetia o bordão da consultora de moda aos risos.

Escolha simples. Quem não aprendia em casa, passava vergonha. Não havia saída. Os ensinamentos, passados de pai a filho, fundamentais à distinção, seguiram em pleno funcionamento enquanto a tradição de substituição dos pais pelos filhos se manteve nos corredores do Ministério das Relações Exteriores. Mas entre 2003 e 2010 a megalomania de Lula se juntou à rebeldia do chanceler escolhido, o ministro Celso Amorim. A pequena quantidade de embaixadas espalhadas pelo planeta e o mirrado corpo diplomático brasileiro não estavam à altura dos planos da dupla.

Guiado pelo interesse de ocupar territórios pouco valorizados na geopolítica mundial, o então presidente tinha ambições de levar o Brasil para além dos disputados postos na América do Norte e na Europa. A exemplo dos mais de cinquenta países do continente africano e outras dezenas de nacos de terra banhados pelo oceano Índico e pelo Pacífico.

Para dar conta de tamanha ousadia, foi preciso aumentar a admissão de novos diplomatas. A tradição de contratar, no máximo, 25 novos membros sem pressa de começar uma carreira lenta e cheia de etiquetas foi pelo ralo. De 2006 a 2010, a oferta de vagas quadruplicou. De 25, foram abertas 100. E depois, sucessivamente, 101, 115, 105 e 108. Ninguém sabia mais quem era filho de quem.

— Vejam bem. Esse mesmo sujeito, da turma de 2008, nem pai tinha. Não tinha o nome do pai na certidão. É uma transformação muito grande para um corpo como o Itamaraty. Num dia a gente conhece, sabe quem é a família, já cruzou com os pais pelas ruas, pelas casas dos amigos. No outro, aparece um cidadão sem pai. Não obstante, fica claro esse problema causado pelas novas turmas.

— E os senhores, de qual turma são? De quando? — voltei à conversa.

Ouvi de pronto:

— Desde sempre. De berço.

Ri sozinho. Afinal, não era a primeira vez, nem a última, que eu me via diante daquela resposta. Nos encontros na Suíça, nos salões do Jardim Europa, nos apartamentos de Nova York, nos prédios do Leblon ou de Ipanema, sempre que eu inquiria um rico tradicional sobre a própria história ou pedia que me apresentassem alguém, respondiam: "tem berço, nasceu em berço de ouro".

— Do que você ri? — me perguntou o embaixador bojudo.

Num sobressalto, deixei escapar.

— É que vocês sempre precisam de uma coisa pra definir quem são.

A surpresa vinha do fato de que até para relembrar as próprias origens os ricos precisam de um objeto, de uma coisa de rico, para se posicionar na estrutura hierárquica brasileira. "Ter berço" é uma expressão usada comumente para qualificar o tipo de riqueza de outrem. Em geral é um atributo positivo, conferido a quem admiramos por ser herdeiro de um dinheiro antigo, mas também por gozar dos privilégios de uma maneira correta e admirada — tanto pelos "de dentro" quanto pelos "de fora".

Os "de berço" são vistos como aqueles com "bom gosto", "elegância" e "naturalmente chiques" porque aprenderam a transitar com maestria no mundo dos ricos desde a infância.

Alguém que *tem berço* ou *nasceu em berço de ouro*, sem qualquer esforço, vê a própria distinção como algo natural, toma como dada a desigualdade social do país e se livra de qualquer peso moral ou culpa. Afinal, como ouvi tantas vezes ao longo da pesquisa, "não tenho culpa de ter nascido numa família boa, a gente não escolhe onde nasce, a vida é assim mesmo: uns têm sorte, outros, não".

O uso de uma *coisa de rico* para definir quem pertence às camadas altas não é fruto do acaso, mas parte central do esquema classificatório das elites. De partida, reforça o vínculo com os objetos na construção das fronteiras simbólicas e na operação da diferença à brasileira. Além de deixar claro que, entre os endinheirados, há quem aprendeu a lidar com as coisas de rico antes mesmo de balbuciar as primeiras palavras. São eles os ricos tradicionais.

O problema, como aprendemos como os historiadores Eric Hobsbawm e Terence Ranger, é que toda tradição é inventada. É fruto de um trabalho intenso dos grupos sociais por introjetar certos valores e formas de se comportar nos indivíduos, com apelo suficiente para lhes vincular a um passado imaginário. No Brasil, esse processo se dá em torno do manejo das coisas de rico.

Quando assumiram postos internacionais, os embaixadores foram de mala e cuia. Isto é, levaram consigo as esposas, os filhos, os animais de estimação, mas também quadros, tapetes, garfos, colheres, xicrinhas de porcelana, porta-retratos, paninhos de mesa e o resto da mobília para *se sentir em casa* aonde fossem. Assim como outros herdeiros, eles se preocupam em *vestir a casa* com móveis e objetos de decoração caros à família.

Os tradicionais não seguem o lema *casa nova, tudo novo*. Diferentemente dos emergentes, quando se transferem para outras residências, levam junto toda ordem de quinquilharias, que serão devidamente posicionadas nos cômodos da residência como se aquilo existisse desde sempre. Pouco importa se viajaram de Brasília a São Paulo, Paris, Nova York ou Dubai.

A casa é construída com histórias de outras gerações. Há sempre a cadeira da vovó, a baixela da madrinha, a prataria da bisa, o lenço de uma tia solteirona, quadros e obras de arte transmitidos entre os membros da família e tratados como relíquias mesmo que não se saiba quem foi o artista. Ela se veste para pautar as dinâmicas cotidianas, para emoldurar os comportamentos e ser palco para a transmissão de valores centrais ao mundo dos ricos — sem que ninguém precise sacar uma lousa e um livro de bons costumes do bolso. As coisas ensinam.

Daniel Miller, especialista em cultura material, lembra que as coisas são instrutoras humildes. Ao contrário dos coaches ou das professoras de etiqueta, os objetos "nos ajudam docilmente a aprender como agir de forma apropriada",[2] dirigem nossos passos e nos enviam mensagens importantes de forma sutil. É lidando com eles que vamos aprendendo a pensar, a dar limites ao nosso corpo e nos construir enquanto indivíduos. "Ter berço" é contar com essas influências desde o nascimento.

Fui à casa da avó de um amigo, também viúva de um embaixador, no ponto mais valorizado da lagoa Rodrigo de Freitas, região nobre do Rio de Janeiro. Sentado em uma poltrona da sala, à espera da dona da casa, vi a foto da minha anfitriã se repetir nos porta-retratos do aparador. De baixa estatura, muito magra, com cabelo grisalho bem curto, ela era a protagonista dos cliques em safáris na África, em sociedades tribais na Ásia, em repetidos jantares com ex-presidentes, sempre com um sorriso discreto, típico das madames de outrora.

Eu ainda olhava as fotos quando d. Lúcia entrou no salão, depois de ter sido anunciada pela governanta. De supetão, me levantei meio atrapalhado para cumprimentá-la. Foi quando tropecei no tapete sob meus pés e, por culpa das leis da física, acabei por derrubar uma montanha de livros velhos amontoados na outra ponta do tecido. Belo começo. Me desesperei.

Minha reação tinha suas razões. Semanas antes, na mansão de outra ricaça em São Paulo, eu vira o espanto da dona da casa quando uma criança começou a brincar com um rolo de metal gigante jogado num canto da sala. Como se fosse um macarrão de piscina, a mirim, com não mais de cinco anos, sentava sobre o canudo, cavalgava e, quando se cansou, passou a rolar no chão misturada com a peça.

— Quem é a mãe dessa criança? É um Tunga. É arte. É arte — dizia na tentativa de salvar uma obra avaliada em centenas de milhares de reais.

Todos riram com o atrapalho da mãe ao repreender em inglês a filha matriculada em uma escola americana, ao estilo do meme da socialite Narcisa Tamborindeguy.

— *Don't touch, it's art. Don't touch.*

No apartamento da embaixatriz, tenso com o acidente, danei a perguntar:

— É arte, d. Lúcia?

— Não, menino. Fique tranquilo. É parte da coleção de livros da biblioteca de papai.

Papai também foi embaixador e até meados de 1960 morou, durante anos, em um palacete às margens da lagoa. A residência tinha quartos confortáveis para abrigar os quatro filhos, dois salões, além de uma ampla biblioteca iniciada nos tempos de estudante em Coimbra.

Já aposentado, com os filhos fora de casa, o velho decidiu vender a morada para uma incorporadora. Da negociação, saiu com uma bolada de dinheiro e um apartamento para cada rebento. Não teve tempo de ver o prédio pronto, morreu antes do fim da obra.

Foi quando d. Lúcia teve a ideia de doar parte dos livros para os moradores do novo prédio. Ela desejava ter um pouco do pai em cada apartamento. Em respeito à memória da família, boa parte dos novos habitantes manteve a instalação. Não era arte, mas tinha história.

Depois do meu deslize, d. Lúcia fez questão de reforçar seu apreço pelo mobiliário herdado e pelos outros móveis garimpados nas viagens pelo mundo. Embrenhados em um labirinto de narrativas sobre a história de cada objeto, chegamos a uma gaiola do tamanho de uma criança.

Vazio, o gradil servia de morada a mais um porta-retrato. Dessa vez, no centro da foto havia dois homens. Um de terno e gravata, outro com uma farda militar, e um bicho, apoiado no antebraço de um deles.

— É o papai, o marechal Rondon e a nossa arara. O grande marechal Rondon. Muito amigo da nossa família.

— E a gaiola? — perguntei.

— A arara veio dentro dessa gaiola. Foi um presente na volta de uma das expedições do marechal. A arara se foi, mas nós mantemos a memória.

O marechal Cândido Mariano da Silva Rondon foi um engenheiro militar e sertanista conhecido por suas explorações aventureiras no Mato Grosso e na Bacia Amazônica, onde teve contato com populações indígenas. No Brasil profundo, desenvolveu um fascínio pela relação dos homens com a natureza e se transformou em ávido defensor dos nativos brasileiros.

Em uma dessas idas e vindas entre a selva e o Rio de Janeiro, então capital da República, trouxe uma arara-vermelha já domesticada pelos indígenas. Depois de expô-la nos salões do poder, deixou o animal no palacete da lagoa Rodrigo de Freitas sob os cuidados do embaixador.

Desde então, cabe ao filho mais velho de cada geração o dever de cuidar do bem — inicialmente, a arara, agora, a gaiola. Na falta dos vivos, é importante manter pelo menos a memória viva.

— É coisa da minha família. Não tenho como abrir mão disso.

De coisa de família, Cesar Carvalho, antropólogo especialista em arranjos familiares, entende bem. Em suas pesquisas sobre as disputas de herdeiros cariocas pelo espólio dos antepassados, Carvalho nos lembra de que as coisas de família são mais do que uma coleção de bens ou patrimônio — como gostam de acreditar os advogados e os tributaristas. Elas funcionam como plataformas de atualização dos valores, são depositários de sentido, suportes de uma totalidade perdida. E o mais importante, Carvalho acrescenta, as coisas de família são a "indicação de um tempo transformado em memória".[3] Ao reafirmar experiências que nunca viveram, os vivos dialogam com o *tempo legitimador* e criam, com a ajuda dos objetos, um lugar em histórias das quais nunca fizeram parte.

João, meu amigo e neto de d. Lúcia, gostava de contar os feitos do velho embaixador com uma eloquência capaz de fazer qualquer um acreditar que os dois conviveram por muitos anos. Mas o velho morreu trinta anos antes de o neto nascer. Ele via, na pilha de livros jogados no canto da sala, o que não fui capaz de ver.

— Os olhos dele passaram por cada uma dessas páginas. Tem marca de café, tem anotação. Eu pego um nessa montanha de livros e me imagino lendo com ele.

A saudade que João sente de tempos que jamais viveu tem nome. A *nostalgia imaginada*, nos termos de Arjun Appadurai, inverte a forma como costumamos nos valer da imaginação no cotidiano. Se a imaginação pode ser entendida como uma fantasia sobre o futuro, um exercício de previsão do que poderá acontecer, naquele caso ela se transforma em ferramenta de conexão com quem já morreu, na invenção de um vínculo intenso com o passado. Misturada à nostalgia, ela dá origem a uma memória especulativa e cria um lugar na cena para os ricaços vivos.

Quando se lembram de um evento do passado, os ricos tradicionais se negam a contá-lo de maneira cronológica ou a estabelecer conexões diretas com outro fato. As narrativas reforçam sempre um grande feito, mas sem precisar quando tudo aconteceu.

Na medida em que eles não têm clareza das origens, da história dos seus sobrenomes, os fatos aparecem borrados no tempo sob a categoria *desde sempre*. Esse artifício é intencional. É parte da estratégia de legitimação da própria posição no mundo dos ricos. *Desde sempre* eles frequentam os mesmos clubes, estudam nas mesmas escolas, casam nas mesmas igrejas, moram nos mesmos bairros, viajam para os mesmos destinos, frequentam as mesmas universidades, se encontram nos mesmos lugares, compram as mesmas coisas, herdam os mesmos bens, entre outros. Enfim, *desde sempre* são ricos e, por consequência, tradicionais.

Depois de ostentarem as coisas da família, d. Lúcia e o neto, que me acompanhava naquela visita, sentaram-se à cabeceira da mesa de dezesseis lugares na ampla sala de jantar do apartamento. Juntos, reclamaram das transformações vividas no Rio de Janeiro desde a mudança da capital.

— Vejam vocês o que fizeram com a Guilhermina. Uma família importante na cidade. Levou saraivada de bolas pretas no Country e tudo ficou por isso mesmo. Perderam o respeito por quem chegou primeiro.

— Nós estamos falando dos Guinle, veja bem... Há quanto tempo eles estão aí, não é mesmo? — emendou o neto.

A trajetória da família Guinle é um bom exemplo de como comerciantes de uma loja de rua, depois de ganhar dinheiro, inventaram estirpe e tradição. Eles se transformaram em símbolo da alta sociedade brasileira por administrar bem o *tempo legitimador* e fazer todos acreditarem que são ricos desde os tempos bíblicos. Não é o que conta a História.

Segundo a pesquisa de Clóvis Bulcão, biógrafo da família, o primeiro Guinle brasileiro nasceu no Rio Grande do Sul em 1846, filho de pais franceses das elites tradicionais europeias. Eduardo Guinle virou caixeiro-viajante e fez negócios pelos pampas gaúchos. Em uma dessas transações, conheceu Cândido Gaffrée, de Bagé, que se tornaria seu sócio em dezenas de empreitadas futuras.

Juntos, migraram para o Rio de Janeiro em 1870. Abriram um armarinho na rua da Quitanda, o Gaffrée & Guinle. A loja começou a comprar e vender tecidos, mas logo se especializou na importação de produtos de luxo para uma elite carioca faminta pelas novidades da Europa. O negócio voou, deu rios de dinheiro. Ficaram ricos. Eles só precisavam ser reconhecidos como tais.

A solução foi expandir os negócios. A dupla passou a investir na construção de estradas de ferro. Depois, tornaram-se empreiteiros no Rio de Janeiro, em São Paulo, Alagoas e Pernambuco. Anos mais tarde entraram no lucrativo ramo do café e no setor fabril com uma fábrica de fósforos. Até que concorreram para a construção do porto de Santos, em São Paulo. A essa altura já eram os emergentes da vez na cena nacional.

No entanto, nem Guinle, nem Gaffrée tinham sobrenomes reconhecidos na então capital do país. Eram tão estranhos para as elites cariocas quanto Priscila, a blogueira em ascensão, era ao capacete de laquê alourado de Rebeca na clínica de emagrecimento. Não mantinham amizades no círculo mais restrito do Império, não conviviam com a corte, tampouco com o imperador e a família real. Enfim, lhes faltava o primordial.

Para resolver o problema, decidiram buscar sócios que lhes conferissem credibilidade, prestígio e confiança entre os poderosos da cidade. A dupla se juntou a um dos conselheiros do imperador, o filho de um próspero capitalista de São Paulo. Foram aceitos nas altas rodas.

O acordo foi selado na mansão da família Guinle, cuja propriedade ocupava um quarteirão inteiro em Botafogo. O palacete, de arquitetura francesa, tinha jardins à inglesa, quartos para os empregados, cocheira e garagem. A propriedade servia de cartão de visita não apenas pelos objetos caros de decoração, mas principalmente pelas dimensões exageradas para o padrão da época. Coisa de rico.

Os sócios não só fizeram a modernização do porto de Santos, como ganharam os direitos para explorar os serviços de armazenamento e fazer uma nova expansão, sem concorrência pública. Dali partiram para a reconstrução do centro do Rio de Janeiro. Nesse momento a fama se consolidou.

Nos grandes salões, viúvas dos barões do Império danaram a repetir: "se o Rio de Janeiro estava se civilizando, [...] muito devia aos Guinle, que, com aguçado senso estético, erguiam prédios de inegável beleza, ajudando a transformar [a cidade]".[4] Depois de mais de trinta anos, finalmente, a família virou sinônimo de tradição, bom gosto e cultura. Eram, enfim, tradicionais. Como pontuou Nelson Rodrigues, escritor e dramaturgo, em uma de suas crônicas no jornal *O Globo*: "o dinheiro não explica a grande e obsessiva presença dos Guinle na vida brasileira. O que realmente fascinava era uma certa atmosfera ou, sei lá, um certo comportamento social e humano, a soma de certos valores espirituais".[5]

A aura singular percebida pelo dramaturgo pernambucano é fruto do projeto de metamorfose social bem-sucedido executado pela família por mais de oito décadas. Assim como todas as famílias tradicionais brasileiras, os antepassados de Guilhermina assumiram um lugar de destaque entre os emergentes do final do século XIX e depois foram reconhecidos como símbolos de tradição.

Nessa empreitada, é preciso agir sobre as coisas de rico de modo que auxiliem a inventar vínculos com o passado, (re)construir laços com amigos para criar a sensação de que são próximos *desde sempre*, e saber lembrar e esquecer com o intuito de reforçar a posição no mundo dos ricos. É justamente nessa tessitura que reside a eficácia do *tempo legitimador*.

Esse movimento, em geral, não demora mais de duas gerações — tempo suficiente para herdeiros esquecerem quem fez o dinheiro primeiro. Ao contrário da aristocracia francesa, que é capaz de lembrar com detalhes nomes, títulos e feitos dos antepassados por até cinco gerações, no Brasil, os ricos tradicionais lembram, no máximo, quem foram seus avós. Os outros são apagados, deixados de lado.

Quem pode inventar tradição com fotos com personalidades históricas, honrarias, livros, gaiolas e anedotas como as contadas por Lúcia, não enfrenta dificuldades. Quem não tem essa chance, arruma um jeito. É o que justifica o desespero das camadas médias brasileiras por recuperar um passaporte europeu. Desde o fim da pandemia, a procura pelo vínculo cresceu mais de 35% só entre os descendentes de italianos.[6]

O processo é simples. Para dar conta da *nostalgia imaginada*, os rebentos precisam provar com certidões de nascimento e outros documentos que são parentes diretos do primeiro aventureiro. Feito isso, sem saber nenhuma palavra em italiano ou conhecer a grandiosidade dos heróis da nação, eles saem por aí dizendo ser *mezzo* italiano porque possuem passaporte — a coisa de rico.

A maioria dos mais de 1,4 milhão de italianos que vieram para o Brasil de 1874 a 1920 não fez a viagem por paixão pelos trópicos. Ao contrário, aqui desembarcaram porque a vida das pequenas propriedades do norte da Itália lembrava o inferno de Dante. Os dias eram atravessados por calamidade climática, fome e instabilidade política na Itália recém-unificada, o que fazia da *dolce vita* um prato amargo demais de se enfrentar. Sem perspectivas, a ralé italiana se meteu nos navios para substituir a mão de obra dos negros escravizados. Assumiram os barracões e viraram empregados de patrões acostumados a mandar com o açoite.[7]

No entanto, a memória é vigarista e seleciona só aquilo que legitima a distinção. Todo o resto, ela esquece. Se o primeiro imigrante a chegar ao Brasil for um bisavô, o máximo que o descendente lembrará é o país de origem, para não errar o consulado onde deve requerer a certificação de vínculo familiar. Eles não sabem falar (ou não querem) sobre a região, como era a situação familiar antes da partida, como foi a chegada, o que vieram fazer aqui ou por quais razões largaram o conforto paradísico da Europa rumo a um rincão do Brasil. Mas, sempre que podem, insistem em reforçar a origem europeia e o documento: *Eu sou italiano também, tenho passaporte*. Se pudessem, reforçariam: *Desde sempre*.

Outra saída é apostar nas coisas de rico com ares de antiguidade. Grant McCracken, antropólogo canadense especialista em consumo, defende que os bens têm o papel de agir como ponto de acesso para os mundos desejados. Eles fazem com que sonhos se tornem realidades praticáveis. Aquilo que seria, de outra maneira, improvável no mundo real, se torna uma possibilidade com a ajuda de um cartão de crédito.

Nos antiquários, eu me surpreendi com os atendentes e o pouco que sabiam sobre seus produtos. Não precisava de mais. Durante a venda, eles se esforçavam apenas por reforçar o local de origem e, de maneira muito vaga, o período de fabricação. "É francês. Século XVIII!"

E as clientes saíam satisfeitas com a informação, dispostas a pagar caro pelas peças sem cobrar qualquer comprovação. Era o suficiente.

De igual modo, as poltronas e os sofás de designers do período modernista brasileiro eram objeto de desejo. Os móveis de Sergio Rodrigues; as poltronas de Niemeyer e Paulo Mendes da Rocha; as cadeiras de Tenreiro, de Lina Bo Bardi e Zalszupin; e a tapeçaria de Jean Gillon eram muito procurados e tinham lugar de destaque nas casas.

O valor depositado nesses objetos, criados por designers reconhecidos, está na sua atemporalidade (*desde sempre*) e não na antiguidade (há tanto tempo). A categoria nativa *desde sempre* brinca com o tempo ao gosto do dinheiro velho. Reforça a longevidade, a permanência e a estabilidade nas altas rodas, mas despreza o tempo como algo a ser levado em consideração. É como se dissesse: "faz tanto tempo que nem vale a pena contar".

Se os novos-ricos estão desesperados por enfatizar os grandes marcos da ascensão, com pontos de virada, os tradicionais vão reforçar que, por estarem no mundo dos ricos há tanto tempo, essa nem é mais uma variável importante a ser disputada. É coisa para quem chegou agora às altas rodas. E mais, se os primeiros se valem da identidade postiça no ciclo de autotransformação, os tradicionais se agarram à estabilidade das coisas de rico atemporais (sejam elas amigos, espaços, títulos, passaportes, entre outros) para convencer os "de fora" de quem são.

Na mansão da Gávea, repleta de tapetes persas, quadros com retratos, esculturas e móveis herdados, segui grudado nos dois embaixadores, o gordo e o magro, com o objetivo de entender melhor a importância e as agruras de quem nasceu com berço.

Certa hora, para cumprimentar um empresário recém-chegado, o magro se levantou. Segui com o bojudo que, com uns copos de uísque e uma certa intimidade, danou a falar:

— Você sabe que ele mudou de nome, né?

— Ele é trans? — perguntei, sabendo do absurdo, mas interessado em agravar ainda mais a gravidade do que me era dito.

— Trans o quê? Do que você tá falando, garoto?

— Homem trans — respondi.

— Claro que não. Que pergunta idiota. Ele tinha dois sobrenomes. Um italiano e outro espanhol. Entrou com processo na justiça para adicionar o nome português que se perdeu no tempo. Isso mudou a carreira dele lá no Itamaraty. Mudou. Agora tá igual os Amorim, os Patriota de Moura, os Leitão, os Amado, os De Oliveira Campos, os Vianna, os Corrêa do Lago. Só a nata.

— Foi?

— Eu sigo italiano. — E encerrou o assunto com a aproximação do colega.

Me custou mais de dez anos de contato contínuo com ricos mundo afora para entender como a troca de sobrenomes do diplomata magricelo o ajudara a avançar na tortuosa carreira burocrática do Itamaraty. Sem o sobrenome português (ou sem pertencer a uma família com algum valor naquelas rodas), certamente, ele enfrentaria dificuldades maiores para alcançar postos privilegiados nas principais embaixadas. Uma coisa de rico.

O argumento faz sentido na lógica da distinção à brasileira. Sabemos que os primeiros italianos partiram, em 3 de janeiro de 1874, do porto de Gênova, a bordo do *La Sofia*, rumo ao Espírito Santo, no Brasil, em busca de uma vida melhor nas fazendas de café, *tanto tempo atrás*. Os portugueses chegaram antes, pelos idos de 1500, e aqui seguem. *Desde sempre.*

V
Ricos de verdade

28.
O advogado

— Prazer, Luiz Phillipi. Phillipi com dois "l"s, três "i"s e dois "p"s.

Assim ele se apresentou, como se tivesse certeza de que eu tomaria nota do seu nome. Eu nem dei bola. Àquela altura, nada mais me chocava. O mar de desejos desmedidos, peculiaridades irritantes e vontades bestas dos milionários brasileiros já não me causava espanto.

Cheguei à casa do advogado a convite de Olívia, eles eram vizinhos nos tempos de Brasil. Eu já tinha ouvido falar das rodadas de jogos na casa do ricaço, regadas a champanhe, uísque e quitutes preparados por chefs estrelados. Se um burguês, nos termos da antropóloga francesa Béatrix Le Witta, se apluma por um apreço pelos mínimos detalhes, eu esperava que, se eles estivessem bêbados, os veria sem tantas amarras.

Esfregando a sola do sapato cromo alemão no carpete felpudo, Luiz Phillipi me esperava ansioso na ampla sala da mansão, em um dos melhores pontos do Jardim Europa — um dos bairros mais nobres da capital paulista.

A casa foi herdada do pai, ex-ministro de um tribunal superior — filho de um político mineiro dos tempos em que a República se dividia entre quem mandava no leite ou no café. Morreu uma década antes da nossa entrevista, mas continuava vivo nas páginas dos livros de direito, nos porta-retratos espalhados pela casa do filho e na boca dos amigos.

Luiz fez o esperado de um jovem de sua estirpe. Estudou no Largo de São Francisco, na renomada Faculdade de Direito da Universidade de São Paulo. Ainda nos tempos de estudante, arrumou estágio no escritório de um reconhecido criminalista, de quem logo se transformou em braço direito, apesar da pouca idade.

No fim da graduação, deixou o conforto do sobrenome no Brasil para uma temporada de estudos na Europa. Fez mestrado em Coimbra, como seus ídolos. Doutorado em Roma, como os ídolos dos ídolos. Por culpa desses anos e da influência paterna, mantinha um vocabulário com cheiro de naftalina, com expressões parnasianas e citações em latim mesmo quando o assunto em debate era vil.

De volta ao Brasil, abriu a própria banca de advocacia. Um escritório pequeno, dedicado a clientes ilustres e causas de difícil solução. Juntou as amizades dos tempos do pai, os parceiros do antigo escritório, os diplomas e, com um empurrãozinho da sorte, fez ainda mais dinheiro.

De largada, assumiu casos de corrupção com ampla repercussão no final dos anos 1990 e ganhou fama. Nos anos 2000, contou com as trapalhadas do Mensalão e aumentou sua cartela de clientes. Poucos anos depois, com o sucesso na defesa dos poderosos, conquistou uma horda de novos clientes, presos na operação Lava Jato. Deve essa à República de Curitiba.

Luiz Phillipi é um exemplo do que chamo de herdeiro emergente. Caso raro no cenário brasileiro. O mais comum a quem tem a sorte de vir ao mundo com patrimônio vultoso é seguir por dois caminhos: abrir um *family office* para administrar a herança ou virar um ocupado desocupado, como vimos. O advogado fez diferente. Trabalhou duro para, com os pés fincados na herança da família, agarrado a uma poderosa rede de relações e ao sobrenome, quintuplicar a fortuna recebida dos antepassados.

Segundo os jornais, no auge da operação Lava Jato, ele cobrava em média de 8 milhões a 10 milhões de reais pela defesa de um único caso. Sendo que, durante o período mais intenso da pesquisa, eu encontrei com mais de duas dezenas dos seus clientes. Não precisei de calculadora. Ele era um homem rico.

Todas as terças-feiras, na edícula da mansão do Jardim Europa, ele recebia os mais próximos para relaxar e jogar uma partidinha de pôquer. Ali, as amizades eram interessadas. De longe, os convidados pareciam amigos de longa data, mas, como ensinam os manuais de networking, eles calculavam de quem se aproximar, que tipo de conversa ter e como desdobrar o contato em outras reuniões.

Se uma relação de amizade se constrói a partir do equilíbrio entre dar e receber, no qual não se pode dar em excesso, nem receber demais, nas relações de networking (como as que observei na casa de Luiz Phillipi), o desequilíbrio é desejado. Ali, os excessos não eram gratuitos. Ao contrário, os rótulos caríssimos dos vinhos, o menu comandado por chef estrelado e os fumos trazidos de pequenos produtores cubanos marcavam a superioridade de quem dava e, ao mesmo tempo, reforçava o compromisso de retribuição de quem recebia.

"Aqui é uma confraria de amigos", ele repetia com orgulho ao ver a animação dos convidados, entretidos com a jogatina e as bebidas. "Mas a gente é aberto. Eu até te convidei. Legal, né?" Mais uma demonstração da rotineira violência dos ricaços dirigida a um "de fora".

29.
O risco

No final da festa de Luiz Phillipi, o ritmo do carteado, dos tim-tins dos copos de uísque e das disputas em torno de quem tinha mais, arrefeceu. A maioria dos convidados foi embora. Quem ficou, parecia menos preocupado em ostentar e mais aberto a compartilhar os problemas com o advogado.

Um senhor magro, com cabelo devidamente pintado de acaju e sessões de botox em dia, chegou perto de mim e do anfitrião em busca de conselhos. Talvez por culpa do álcool e do cansaço, ele esqueceu qualquer preocupação com privacidade. Eu o conhecia dos jornais.

Mesmo comigo ali, o vice-presidente de um dos maiores bancos privados do país se sentiu à vontade para contar o drama vivido por sua filha, à beira de uma separação litigiosa.

— Um casamento desses não tinha como dar certo, mas ela quis. O que eu podia fazer? Diga-me.

O problema não era falta de amor. Mas um completo desalinhamento na forma de pensar, viver e ver a vida. Catarina era uma nova-rica. Henrique, o marido, herdeiro de uma importante família do interior de São Paulo. Ele vinha da elite da terra.

No Brasil, a união entre um novo-rico e um tradicional é um caso desafiador. Não dá match. Apesar de ambos os grupos operarem a diferença sob o mesmo mecanismo, o manejo dos tempos (o *legitimador* para o dinheiro velho; e o *transformador* para os emergentes) é inconciliável. São *ordenamentos de realidade* tão distantes quanto o céu está do mar, nos termos de Stanley Tambiah — antropólogo cingalês com longa trajetória em prestigiadas universidades americanas. Eles vivem em tempos diferentes.

De um lado, estão os emergentes orientados para o futuro, guiados por um plano prospectivo, ansiosos por novas experiências e pela aceleração do tempo para que possam gozar do reconhecimento da riqueza. Eles vivem uma vida "em relação a". Aquela no qual o motor mestre é *eu faço hoje orientado pelo que posso ganhar amanhã*. Do outro lado, os tradicionais têm os olhos voltados para dentro. Eles se orientam pelo plano retrospectivo, guiados por uma valorização intensa da causalidade, como se acreditassem no *chegamos até aqui por causa de*. Desse jeito, veem o passado como uma fonte inesgotável de valor, inventam um presente diretamente conectado ao que passou e temem o futuro por não saber se conseguirão manter a posição.

Apesar da clara incompatibilidade, os dois jovens decidiram selar votos em uma festa. Catarina nunca trabalhou. Contava com a promessa de patrimônio construída pelo pai; uma mesada de 150 mil reais, mantida depois da cerimônia; e os dividendos da fortuna deixada pela mãe, morta anos antes de nos conhecermos.

Começou a namorar o marido ainda nos tempos de escola, em uma tradicional instituição de São Paulo. Por imposição dos pais, Henrique foi cursar uma universidade nos Estados Unidos e conseguiu vaga em uma consultoria internacional. Até que, perto dos trinta anos, *deu tilt*. Decidiu largar tudo para apostar no sonho de ser chef de cozinha.

Abriu seis restaurantes em São Paulo, se casou com Catarina e, quinze anos depois, decidiu se separar. Foi um tempo recorde para uma união fadada ao fracasso, apesar dos três filhos. Uma menina de dezessete anos, outra de doze e um menino de dez.

Só voltei a prestar atenção na cena quando o pai contou ao advogado a sua maior preocupação: medo de a filha ficar pobre. Eu ri sozinho e pensei: "Não tem como ninguém nessa família ficar pobre pelos próximos cem anos".

Qualquer rico no Brasil tem horror à possibilidade de ficar pobre. O fantasma de perder tudo ou viver o resto dos dias na pobreza lhes causa paúra. Nem a insistência dos especialistas em gestão de fortunas é capaz de lhes convencer do contrário. Os ricaços temem um futuro sem dinheiro e sem as coisas. Não adianta, mais uma vez o problema é classificatório.

Por mais que eu concorde com a premissa dos economistas de que "a riqueza de verdade está na propriedade de empresas, imóveis e investimentos",[1] não no consumo, como o leitor já deve perceber, discordo da ideia de que precisamos olhar para as coisas como meros indicadores de riqueza.

No Brasil, as coisas de rico não são só símbolos de status, mas têm um papel fundamental na operação da diferença, uma vez que compõem o *padrão de vida*. Essa categoria classificatória é fruto da união de dois sistemas essenciais à distinção: o das coisas e o do dinheiro.

Ter um bom padrão de vida é ter a chance de habitar, transitar e conviver com outros tantos indivíduos no *mundo dos ricos*. Uma zona moral na qual os atores sociais acessam e compartilham benesses e privilégios exclusivos, distantes da maioria da população. Numa sociedade hierárquica como a nossa, ser visto como detentor de um determinado *padrão de vida* é ter a possibilidade de ser englobado por um universo social e assumir uma posição privilegiada na operação da diferença. Sem isso, não existimos.

No entanto, o *padrão de vida* é instável e perecível. Qualquer deslize coloca tudo em risco. A partida nunca está ganha.

É por conta disso que os ricos investem tempo, performam, voltam constantemente aos códigos da riqueza, repetem comportamentos consolidados das elites do passado, atualizam os velhos hábitos e temas, as conversas, histórias de família, memórias dos tempos da escola, retomam as antigas amizades para garantir, nem que seja temporariamente, a sensação de que as coisas vão bem.

Do ponto de vista dos ricos, os pobres não têm dinheiro (e nem coisas), vivem com o básico nas periferias das cidades, preocupados em equilibrar seus salários para dar conta das despesas mensais. O desespero por não virar um pobre é tão grande que o mais comum é que os ricos se transformem em *falidos*. Nesse *padrão de vida*, apesar de os indivíduos não terem mais dinheiro, ainda conservam as coisas. Empobrecem, mas se mantêm agarrados à materialidade de um patrimônio que não podem bancar.

Entrevistei falidos de todos os tipos. Executivos aposentados de grandes organizações que, perto dos setenta anos, depois de décadas de consumo desmedido, eram obrigados a viver com parcas economias e uma aposentadoria esquálida. Não há ginástica financeira com elasticidade capaz de suprir o *padrão de vida* de outrora com os ganhos de então.

À primeira vista, eles mantêm as aparências. As roupas, de boa qualidade, feitas de bons tecidos e com cortes exclusivos, sobrevivem à passagem do tempo. As joias são vendidas aos poucos, para bancar uma conta mais urgente, sem a qual eles se comprometeriam. Resta um ou outro anel, pulseira ou relógio, para ocasiões especiais.

O problema maior está nos itens de alto valor. Em especial, na casa. É na visita às residências de um falido que se vê, de perto, os traços mais fortes da decadência. O jardim já não tem forma, as piscinas estão vazias, as paredes da casa desbotaram por falta de manutenção e as fachadas denunciam a falta de recursos.

Há também o caso das madames, separadas ou viúvas, que se agarram às coisas como boias salva-vidas diante de um naufrágio. Com a bancarrota, clamam aos advogados que protejam as mansões da fome dos credores. Por vezes, ficam sozinhas em fortalezas adquiridas para abrigar filhos pequenos, jantares de negócios e uma vida social ativa que não existe mais. De todo modo, decidem perecer ali, sozinhas, junto aos rococós das cristaleiras lotadas de itens sem uso, dos talheres de prata, das porcelanas importadas, das cadeiras, das poltronas e dos sofás vazios, espalhados pelos salões. Os ricos têm alguma razão para tanta preocupação. O impacto da mudança de um padrão de vida, tanto para cima quanto para baixo, é enorme na vida de qualquer um. Com o dinheiro se vão as coisas, depois os amigos e, junto deles, se vai parte de si. É duro.

Na edícula da mansão, o anfitrião seguiu com a conversa querendo saber detalhes da história do casal. Sem ter o que dizer, o pai ligou para a filha. Como uma das estátuas do jardim, eu me mantive quieto, sem me mexer, para que ninguém reparasse que o antropólogo do luxo estava ali, atento à conversa sigilosa.

Luiz Phillipi tentou tranquilizar a mulher:

— Catarina, fica tranquila. A gente tem que garantir o seu padrão de vida.

E ela emendou:

— Só manter a nossa vidinha como ela é. Simples, com conforto.

30.
O litígio

O advogado pediu uma reunião presencial. Catarina deveria visitá-lo no escritório da Faria Lima, em dia e hora marcados, com a planilha com os gastos da família. Foi quando o esperado veio à tona:

— Gastos? Mas eu não faço a menor ideia de quanto eu gasto. Assim, sei a vida que a gente leva. Mas o dinheiro, dinheiro mesmo... Nunca pensei nisso.

Catarina jamais tinha falado de dinheiro com o marido e não fazia a menor ideia de quanto precisava para viver.

Foi então que, seguindo o esquema classificatório em jogo na sociedade brasileira, Luiz Phillipi pediu uma planilha com duas colunas de valores. De um lado, os hábitos da família. Do outro, a rotina.

Nos gastos rotineiros, Catarina colocou o condomínio, a internet, a TV a cabo, a mensalidade do clube, a escola dos filhos, comida (supermercado e hortifrúti), gastos com vestuário, academia, personal trainer, cursos extracurriculares, as quatro empregadas, o cozinheiro, os dois motoristas, custos trabalhistas, dentista, plano de saúde, nutricionista, combustível, remédios, manutenção da casa, troca anual dos carros e os impostos (IPVA, IPTU, INSS dos empregados, entre outros). Corri com o olho para o valor total: R$ 156 336,88 por mês. Um pouco mais de 111 salários mínimos mensalmente, em valores de 2024.

Os custos variáveis se resumiam a gastos com saúde, seguro dos carros, reserva financeira para viagens dos filhos (uma estimativa de 80 mil reais de custo para cada ano), matrículas escolares, manutenção dos carros e eventuais multas, presentes de aniversário para amigos, gratificação para professoras, material escolar etc. A previsão girava por volta de um pagamento extra, a ser feito no mês de janeiro de cada ano, no valor de R$193 268,66 — como o advogado me mostrou.

Sem nenhuma dificuldade, Catarina conseguiu elencar os hábitos de consumo da família, fez a estimativa de custo e chegou à conclusão de que precisaria de R$2 069 311,22 por ano. Para facilitar a vida do ex-marido, topava parcelas de R$174 442,60, sem os impostos, para garantir o básico a ela e seus rebentos.

Quando o ex-marido recebeu a primeira notificação extrajudicial com a planilha de gastos da família, ele pirou. Ligou para a ex-mulher, para o ex-sogro e para Luiz Phillipi. Não resolveu. Tanto um quanto o outro falavam uma língua diferente da dele.

Catarina insistia que tinha pedido apenas o básico, o necessário para garantir uma *vida boa, com conforto* a ela e aos filhos. O ex-marido dizia que, apesar da rede de restaurantes de sucesso espalhados pela capital paulistana, não tinha como bancar os luxos da herdeira. O conflito escalou: era luxo ou conforto?

Joan DeJean, historiadora francesa, em *O século do conforto: Quando os parisienses descobriram o casual e criaram o lar moderno*, nos conta a história da categoria. A autora faz uma genealogia do termo e revela que a palavra caiu na boca dos franceses só a partir de 1670, quando o adjetivo *commode* (cômodo) e o substantivo *commodité* (comodidade) começaram a dar conta de tudo aquilo capaz de promover o bem-estar. "Pela primeira vez, havia clientes dispostos a gastar qualquer quantia para comprar conforto."[1]

A partir dali, as elites passaram a acreditar que o desfrute de uma vida com bem-estar, com certa informalidade e conforto era a chave do sucesso cotidiano. O apetite por gastar apenas para gastar e por criar em torno de si uma atmosfera de esplendor para obtenção de status ficou para trás. Dali em diante, interessava às elites "tornar a vida diária mais prazerosa e agradável. O conforto se tornara o grande luxo".[2] Com a disseminação da ideologia do conforto, só interessava o simples, mesmo que custasse caro. O básico suficiente para gozar dos prazeres cotidianos. Funcionou.

Era engraçado o quanto meus entrevistados se apressavam para enfatizar a maneira simples como levavam a vida. Uma mansão de frente para uma praia deserta em Trancoso era simples.[3] Tudo de que precisavam. Os bons lençóis, com milhares de fios de algodão egípcio, também. Copos de cristal, móveis de design, iluminação indireta pensada por um escritório de arquitetura, paredes recém-pintadas, quadros de artistas famosos e banheiro de mármore conformavam esse padrão de vida, mas sem exagero. *Ter conforto* é ter dinheiro para comprar as coisas de rico.

A vida simples, boa, com conforto é a maneira como os ricos brasileiros se autoidentificam, se posicionam dentro da estrutura social. É como eles reivindicam os vínculos de pertencimento com os estratos superiores. Catarina só desejava se manter por lá, no topo.

O conflito em torno dos gastos se agravou por um esquecimento bobo da herdeira. Ela não pusera a troca das próteses de silicone na lista de gastos. "E quem vai pagar a troca dos meus peitos?"

Depois de amamentar os três filhos, muito antes da separação, Catarina ficou insatisfeita com o volume dos seios. O estica e puxa da amamentação causara uma flacidez que atrapalhava a sua autoestima e, por consequência, a vida sexual do casal. Com medo, ela postergou entrar na faca. Mas, a pedido do marido, deitou-se na mesa gelada da sala de cirurgia e saiu com uma bola de trezentos mililitros em cada peito. Certos de que teriam muito tempo pela frente juntos, ninguém se preocupou com a troca rotineira das próteses.

Recém-separados, a pergunta se impôs como uma bigorna de desenho animado na cabeça do casal: Quem vai pagar pelos custos da cirurgia? Deu em mais uma notificação extrajudicial.

O argumento era simples: o desejo do ex-marido criara um passivo. Assim sendo, Henrique deveria ser responsável financeiro pelas sucessivas substituições até a morte da ex-mulher. Uma obrigação vitalícia.

Os defensores de Henrique reafirmavam que, se Catarina não pudesse arcar com o custo, ela deveria tirar as próteses e voltar a ter os peitos murchos.

"Essa mulherzinha sem berço é uma metida a besta", dizia o ex-marido, já sem nenhuma paciência, nos grupos de amigos.

No sistema classificatório brasileiro, os *metidos a besta* são indivíduos que têm um estilo de vida descompassado. Eles têm as *coisas de rico*, mas não têm dinheiro. *Comem sardinha e arrotam bacalhau*. Em suma, marcam a diferença sobre bases frágeis. Em geral vivem à base de crédito, financiamentos, afundados em dívidas. Assim como as moscas (não como as formigas), rondam as mesas fartas, as taças de champanhe, as iguarias, mas, ao redor, todos sabem que são estranhos, "de fora".

Henrique perdeu na primeira instância. Seguiram aos tribunais. A decisão final dividiu o problema: cada um pagaria pelo custo de um peito. A mulher decidiu recorrer da decisão. A partir de então, os peitos em risco eram um problema dos ministros de Brasília.

Perturbada com a guerra, também Catarina começou a difamar o ex-marido nas rodas de amigos. Como sabia que dinheiro não era o problema, ela danou a rotular Henrique como um exemplo clássico de *mão de vaca*. Mais uma rodada de notificações extrajudiciais.

Talvez não haja estigma pior, posição mais desvalorizada na sociedade brasileira do que ser chamado de *mão de vaca* ou *mesquinho*. Por aqui, ninguém deseja ser filho, casado ou ter de conviver com um avarento. Eles são párias. Afinal, a única posse que interessa aos *mãos de vaca* é a do dinheiro. Eles podem comprar as coisas de rico, mas decidem poupar. Parte do estigma enfrentado pelos mãos de vaca vem do fato de quebrarem a lógica classificatória dos padrões de vida e, por consequência, burlarem a operação da diferença à brasileira. Se nós classificamos os indivíduos a partir da correlação entre dinheiro e coisas (padrão de vida), quem se nega a comprar com os recursos que tem, nega a lógica social, se coloca fora do jogo classificatório e, por consequência, é estigmatizado.

Tenso com a confusão, o herdeiro mandou áudios aos amigos. Um deles foi incorporado ao processo. Dizia ele, aos gritos: "O que essa mulher tá pensando? Que eu vou continuar pagando os luxos dela? Vai trabalhar, madame! Vai trabalhar. Ela tá louca. Louca! Ela tá achando o quê? Que eu sou rico?".

"Anjo, ninguém é", pensei em voz alta.

31.
O veredito

A dificuldade das elites locais em assumir a riqueza deve-se a um axioma básico. Tão simples que, talvez, o leitor se arrependa de ter enfrentado tantas páginas para descobrir. No Brasil, ser rico não é uma condição, é uma relação. Do ponto de vista nativo, ninguém é rico, mas está rico em relação a.

No entanto, apesar da aparente ingenuidade da equação, colocá-la em prática é um desafio. É um trabalho duro, delicado, cheio de incertezas e marcado por instabilidades. A posição na estrutura social está sempre a escapar entre os dedos. Isso se deve à centralidade das coisas de rico no modelo de distinção em voga na sociedade brasileira.

A posse das coisas de rico, por si só, não é suficiente para garantir a entrada nas altas rodas. É preciso saber usá-las, entender se elas estão em pleno funcionamento e têm eficácia de catapultar seus donos para o grand monde. Sem recibos de eficácia, sem prova do funcionamento desses objetos encantados, os endinheirados nunca sabem se estão sendo reconhecidos. Eles jamais têm plena certeza de se estão a performar riqueza.

Outro ponto está diretamente atrelado ao esquema classificatório. Se as coisas de rico funcionam, os endinheirados são catapultados a um território ainda mais exclusivo, rodeados de gente com mais posses. Ao final, como se trata de uma posição relacional, acabam convencidos de que são os pobres em questão.

Catarina se chocou com o impacto da mudança de escola na vida dos filhos. Depois de muita guerra, impôs ao marido a matrícula dos rebentos em uma escola com uma proposta inovadora, ainda mais custosa.

A Avenues foi fundada em Nova York, nos Estados Unidos, em 2012, para atender os filhos de famosos e bilionários americanos. Em pouco tempo, abriu filiais no Vale do Silício, na China e por aqui — como parte de um plano de expansão ambicioso por atender a demanda das elites globais. Segundo os jornais, era a escola mais cara do Brasil.

— Na Chapel School [escola anterior], todo mundo vivia bem — me contou Catarina.

— Com conforto — emendei.

— Mas na Avenues, já falei pros meninos, a gente é pobre. Eles precisam ter consciência disso.

Com o aceite, a matrícula feita e a consequente entrada em um espaço ainda mais exclusivo, a família entendeu que tinha um *padrão de vida* bem mais modesto do que os colegas.

Logo na primeira semana de aula, Catarina ficou confusa quando a filha, perto dos quinze anos, pediu autorização para ir à festa de debutante de uma amiga dali a um mês. De pronto, a mãe respondeu:

— Sim, tá liberada.

— Mas vai precisar da assinatura do papai também.

— Como assim, filha?

— É em Nova York. A gente vai na sexta à noite, a festa é no sábado, e volta no domingo direto pra escola.

O deslocamento seria feito no jatinho da aniversariante. A festa aconteceria no triplex de Tribeca, bairro descolado da ilha, recém-comprado pelo pai da aluna, sócio de uma construtora. E a hospedagem também ficaria por conta dos anfitriões. A filha do casal só precisava de uma autorização formal. Mais nada.

— Já falei pro pai dela. A gente precisa ter um apartamento fora também.

O terceiro elemento dificultador do reconhecimento deve-se à imaginação. Nós, brasileiros, crescemos com um imaginário de que os ricos vivem rodeados de supérfluos, redundâncias e exageros. Enfim, um mundo repleto de luxos. No entanto, essa classificação não existe a priori, mas varia de acordo com o contexto. A exemplo do implante de silicone de Catarina. Mesmo tendo como aliada a recomendação médica para a troca (algo básico, necessário), o ex-marido via no pedido da mulher um luxo.

"Eu não vou ficar pagando peito pra outro marmanjo aproveitar", Henrique repetia aos quatro cantos.

Do ponto de vista nativo, básicas são as coisas que não cobram justificativa moral dos indivíduos que as compram. Eles podem consumir sem perder tempo explicando as razões da compra, uma vez que, quem tem, tem porque precisa. Já os supérfluos, quando consumidos, cobram um esforço extra. Os ricos precisam gastar energia justificando, com argumentos, as razões dos seus desejos. O cálculo passa longe do valor ou da exclusividade do produto ou serviço desejados. Não tem a ver com preço.

Enquanto eram casados, diante da queda da autoestima da mulher e do possível impacto na relação sexual do casal, Henrique concordou em pagar pela cirurgia. Naquele momento, um item de primeira necessidade. Depois da separação, virou supérfluo.

Se manuais de psicologia do consumo hierarquizam uma necessidade como mais importante do que a outra, os ricos brasileiros embaralham as peças ao gosto da situação. Algo básico pode virar um luxo. O supérfluo vira item de necessidade básica. O debate se deu por conta da *flexibilidade contextual* dos básicos e supérfluos.

Na semana mais intensa da disputa litigiosa do casal, outro encontro confirmou a maleabilidade com que os ricos lidam com tais categorias. Encontrei um empresário do ramo de beleza.

O homem era apresentado nas capas dos jornais como um self-made man. Do laboratório na garagem de casa, inventou um produto desejado pelas consumidoras de baixa renda e fez fortuna, a ponto de incomodar os concorrentes internacionais. Pouco tempo depois, um grupo estrangeiro fez uma proposta irrecusável pela empresa.

Com a fortuna no bolso, decidiu fretar um jatinho privado para levá-lo do Rio à capital paulista, junto dos advogados, para a assinatura do contrato. Antes de assinar a papelada, o comboio decidiu almoçar em um restaurante italiano na Faria Lima. O dono da festa pediu um pappardelle com molho vermelho.

O jeito expansivo e a alegria momentânea, somados a um bocado de taças de vinho caro, lhe fizeram ainda mais distraído. Um esbarrão na ponta da mesa levou o prato às alturas. Em pleno voo, molho de tomate e lascas de parmesão tombaram sobre seu colo. O terno, escolhido a dedo para a ocasião, ficou tomado pelo tempero do chef e causou comoção. "O que fazer?" — pensaram, perplexos, os convidados.

— Ué, vamos comprar outro a tempo da reunião.

A tempo e à altura da reunião. Eis o problema. A assistente ligou imediatamente para a Ermenegildo Zegna, loja italiana classuda, dois pisos acima do restaurante, no shopping chique da cidade. O gerente atendeu e convocou seus alfaiates para ajustes rápidos em um terno azul-marinho, do melhor tecido, disponível no estoque da loja para pronta-entrega. Bainha, punho, colarinho da camisa e outros detalhes menores iam sendo ajustados no corpo do bilionário sob a batuta do relógio e os gritos do chefe. Em duas horas, tudo pronto. Se não fossem os mais de noventa mil reais deixados no caixa da loja, alguns diriam ter sido um milagre.

Noventa mil reais. Eu, surpreso com o tamanho da conta, me lembrei do terno usado por mim. Um modelo simples, também azul-marinho, comprado em um outlet na Flórida por não mais de trezentos dólares. Quanta diferença.

Sabendo da importância das coisas de rico nos momentos cruciais da vida das elites, apesar do choque, eu entendi que o executivo não tinha escolha. O dia cobrava uma vestimenta de tal preço. Não se assina contrato bilionário, diante da imprensa e dos acionistas gringos, com terno comprado em uma loja de *fast fashion*.

Quando fazemos uma avaliação dos nossos hábitos e da nossa rotina, tomamos como parâmetro o nosso *padrão de vida*. Sendo assim, vemos em qualquer hábito de consumo, não importa o custo, um item de primeira necessidade, se nos ajuda a performar um padrão e nos posiciona dentro do jogo social. Dado que, sem eles, não temos lugar social. Não importa se estamos nos referindo a um prato feito em uma padaria de rua ou ao menu degustação de um restaurante estrelado: aquilo que é fundamental à manutenção da performance de um determinado padrão é básico. O que foge, é supérfluo.

Desse modo, chegamos a um impasse: as incertezas quanto à eficácia das coisas de rico, a força de catapulta capaz de fazer gente com dinheiro acreditar-se pobre e a *flexibilidade contextual* das coisas de rico levam à mesma conclusão. Sem sombra de dúvidas, rico é sempre o outro.

32.
Risca no chão

O litígio entre Catarina e Henrique seguiu. Eles não conseguiram chegar a um acordo. Nem sobre o peito, nem sobre o resto. O embate foi adiante para Brasília.

No meio de uma guerra judicial, é comum advogados contratarem especialistas. Em geral, peritos, psicólogos, administradores de fortuna, juristas cobram caro por pareceres nos quais defendem um ponto de vista, pretensamente científico, sobre um assunto. Por razões óbvias, os que reforçam o argumento dos advogados são anexados aos processos.

Na batalha em torno do responsável pelo silicone, Luiz Phillipi resolveu me convocar como consultor.

— Meu caro, chegamos a um ponto de difícil solução. A outra parte insiste em dizer que o peito é luxo. Mas me lembrei que tenho um especialista próximo aqui, não é? *THE* antropólogo do luxo. Vou precisar de um parecer seu. Coisa simples. É luxo ou não é luxo?

A pergunta sem resposta me fez entender o porquê de os ricos só terem me aceitado depois de eu ter virado o antropólogo do luxo. Sem saber, eu desempenhava um papel importante no esquema nativo. Apesar de investirem tempo e fortuna nas coisas de rico, pela natureza desses objetos, sozinhos, os endinheirados não tinham provas de sua eficácia. No entanto, por si só, a presença do antropólogo do luxo resolvia o problema.

Eles me queriam junto porque acreditavam que meu conhecimento era a certeza, um *terceiro garantidor de sentido*, nos termos de Charles Peirce. O antropólogo do luxo era o juiz capaz de vaticinar a eficácia e de comprovar se meus interlocutores eram ricos o suficiente para serem reconhecidos como tais.

Neguei o parecer ao advogado. Ele insistiu:

— É luxo ou não é luxo? Coisa simples.

Dali em diante, passei a repetir para qualquer rico aquilo que eles mais gostariam de ouvir, a razão de terem me aceitado junto de si:

— Queridos, vocês são um luxo. Chiques! Um luxo!

Epílogo

Por ironia do destino, o antropólogo teve de se encontrar com o antropólogo do luxo.

Como mandam os rituais acadêmicos, depois de meses de escrita, finalmente foi marcada a data da defesa da tese de doutorado, origem deste livro. O texto fora enviado a uma banca de cinco professores, com longa trajetória em pesquisa e ensino de antropologia. Eles avaliariam se eu estava à altura de sair por aí ostentando o título de doutor em antropologia.

Como qualquer rito de passagem (casamento, trote de faculdade, batismo, posse em um novo cargo, entre outros), um momento tenso. Quem pleiteia uma mudança de posição precisa assumir certa vulnerabilidade, aceitar a condição e responder com humildade os questionamentos dos arguidores.

O problema é que Helena Martins decidiu organizar um pequeno encontro para executivos de marcas internacionais no VillageMall, shopping de luxo na Barra da Tijuca, justamente no dia da defesa da tese. E eu era o palestrante convidado. Claudette e Mário Jorge foram convidados. Olívia comprou uma passagem para o Rio. Rebeca, a loira do capacete de laquê, me mandou flores. Ornela me enviou uma caneta de luxo de presente. Peçanha e Noronha se predispuseram a voar no jatinho da família para acompanhar o evento no templo dos ricos.

O dilema era identitário. O intervalo entre a banca e a palestra era apenas o tempo do deslocamento de um ponto a outro. Não havia tempo suficiente para trocar a fantasia. Foi quando cometi uma heresia.

Fui para a universidade vestido de antropólogo do luxo: calça e camisa sociais sob medida, sapatos de couro italiano, relógio de marca suíça e outros penduricalhos no antebraço. Algo muito distante da imagem típica de um estudante prestes a defender o próprio trabalho diante de um grupo de professores universitários.

Na chegada, um rebuliço. Uma professora, herdeira, daquelas que tinha o sobrenome da família estampada em placas, escolas e palácios da cidade, me imprensou. Rinha de rico:

— Foi enfeitiçado pelos nativos, Michel? — perguntou, me olhando dos pés à cabeça, identificando as coisas de rico que eu carregava comigo. — Ficou rico? — emendou.

Antes de eu esboçar qualquer reação, Thais Lemos Duarte, socióloga e grande amiga, contemporânea de doutorado, me defendeu:

— Um rico diz que o outro é rico porque imagina que esse tem mais dinheiro do que aquele. O acusado nega, mas fica feliz por ser visto como tal. No fim, tanto um quanto o outro estão de olho nas coisas de rico. O argumento da tese faz sentido, trata-se de um fenômeno social e facilmente identificável aos olhos dos presentes.

Tese aprovada.

Notas

3. O enredo [pp. 25-33]

1. Claudio Diniz, *O mercado do luxo no Brasil: Tendências e oportunidades*. São Paulo: Seoman, 2012.
2. Ibid.
3. Ibid.
4. Naiara Infante Bertão, "Por que malhar na academia no Brasil custa o triplo do que nos EUA?", *Veja*, 21 jun. 2014. Disponível em: <veja.abril.com.br/economia/por-que-malhar-na-academia-no-brasil-custa-o-triplo-do-que-nos-eua/>. Acesso em: 25 mar. 2025.
5. Alexandro Martello, "Gasto de brasileiros no exterior soma US$ 25 bilhões em 2014, novo recorde", *G1*, 23 jan. 2015. Disponível em: <g1.globo.com/economia/seu-dinheiro/noticia/2015/01/gasto-de-brasileiros-exterior-somam-us-25-bilhoes-em-2014-novo-recorde.html>. Acesso em: 25 mar. 2025.
6. Nos últimos anos, eu me dediquei a vasculhar a literatura socioantropológica sobre a distinção, as classes e as relações de poder. No entanto, apesar de conhecer bem o debate, uso o jargão do campo de forma descompromissada. Aqui, conceitos ("elites", "ricos", "burgueses", "endinheirados", "de dentro", "de fora", "estabelecidos", "altas rodas", "grand monde", entre outros) são termos e servem para tratar dos mesmos atores: aqueles que batalham, duramente, para assumir e serem reconhecidos como parte do topo da pirâmide de renda brasileira.

4. A batalha [pp. 34-8]

1. Paul B. Preciado, *Pornotopia: An Essay on* Playboy's *Architecture and Biopolitics*. Nova York: Zone Books, 2014, pp. 25-6. [Ed. bras.: *Pornotopia: Um ensaio sobre a arquitetura e a biopolítica da* Playboy. Trad. de Denise Bottmann. São Paulo: Zahar, 2025.]

9. Ocupados [pp. 65-72]

1. A definição de vadiagem e a sua punição estão previstas num artigo da Lei de Contravenções Penais, instituída por decreto em 3 de outubro de 1941. O artigo faz parte do capítulo VII da lei, que tem o sugestivo título "Das contravenções relativas à polícia de costumes". No seu artigo 59, a lei considera vadiagem "entregar-se alguém habitualmente à ociosidade, sendo válido para o trabalho, sem ter renda que lhe assegure meios bastantes de subsistência, ou prover à própria subsistência mediante ocupação ilícita". A pessoa classificada como "vadia" pode ser levada à prisão simples, com pena de quinze dias até três meses.

10. Jogo de cena [pp. 73-9]

1. Michel Pinçon e Monique Pinçon-Charlot, "Sociologia da alta burguesia", *Sociologias*, Porto Alegre, n. 18, p. 24, jul.-dez. 2007.

12. Entre [pp. 86-90]

1. Fernando Henrique Cardoso, *Um intelectual na política: Memórias*. São Paulo: Companhia das Letras, 2021, p. 227.

15. O antropólogo do luxo [pp. 95-100]

1. Marcio Goldman, "Jeanne Favret-Saada, os afetos, a etnografia", *Cadernos de Campo*, São Paulo, v. 13, n. 13, p. 150, 2005.

19. A negação [pp. 118-22]

1. Márcio Padrão, "Magazine Luiza obtém R$ 56 bilhões em vendas e cresce 28% em 2021", *Canaltech*, 15 mar. 2022. Disponível em: <canaltech.com.br/amp/resultados-financeiros/magazine-luiza-obtem-r-56-bilhoes-em-vendas-e-cresce-28-em-2021-211530/>. Acesso em: 25 mar. 2025.
2. Programa *Roda Viva*, transmitido em 5 de outubro de 2020 pela TV Cultura.
3. Tássia Kastner, "A disparidade de renda entre o 1% mais rico", *Você S/A*, 10 nov. 2023. Disponível em: <vocesa.abril.com.br/sociedade/a-disparidade-de-renda-entre-o-1-mais-rico>. Acesso em: 25 mar. 2025.
4. "Desigualdade de renda no Brasil: Os 10% mais ricos e a metade mais pobre. Entrevista especial com Marcelo Medeiros", *Instituto Humanitas Unisinos*, 1 out. 2014. Disponível em: <www.ihu.unisinos.br/

entrevistas/535734-desigualdade-de-renda-no-brasil-os-10-mais-ricos-
-e-a-metade-mais-pobre-entrevista-especial-com-marcelo-medeiros>.
Acesso em: 25. mar. 2025.
5. Celi Scalon, "Justiça como igualdade?: A percepção da elite e do povo brasileiro", *Sociologias*, Porto Alegre, v. 9, n. 18, p. 128, 2007.
6. Oxfam Brasil, *Nós e as desigualdades: Pesquisa Oxfam Brasil/Datafolha: Percepções sobre as desigualdades no Brasil*, set. 2022. Disponível em: <www.oxfam.org.br/wpcontent/uploads/dlm_uploads/2022/09/LO_relatorio_nos_e_as_desigualdade_datafolha_2022_vs02.pdf>. Acesso em: 25 mar. 2025.
7. Daniela Amorim, "1% mais rico da população ganha 32,5 vezes mais que a metade mais pobre", *O Estado de S. Paulo*, 11 maio 2023. Disponível em: <www.estadao.com.br/economia/1-mais-rico-325-vezes-metade-mais-
-pobre-ibge-nprei/>. Acesso em: 25 mar. 2025.
8. Elisa P. Reis, "Percepções da elite sobre pobreza e desigualdade", *Revista Brasileira de Ciências Sociais*, São Paulo, v. 15, n. 42, pp. 143-52, fev. 2000. Disponível em: <www.scielo.br/j/rbcsoc/a/nZdT88swJf Mfx9-t9ZQKQGCL/>. Acesso em: 25 mar. 2025.
9. Jamile Racanicci e Jéssica Sant'Ana, "Reforma tributária: Guedes reclama de pressão contra taxação dos dividendos", *G1*, 9 jul. 2021. Disponível em: <g1.globo.com/economia/noticia/2021/07/09/reforma-tributaria-guedes-reclama-de-pressao-contra-taxacao-dos-dividendos.ghtml/>. Acesso em: 25 mar. 2025.
10. Stefano Bridelli e Mariana Castro, "Cresce a filantropia no Brasil, mas é só o início da jornada", *Valor Econômico*, 20 jul. 2023. Disponível em: <valor.globo.com/empresas/esg/artigo/cresce-a-filantropia-no-brasil-mas-
-e-so-o-inicio-da-jornada.ghtml/>. Acesso em: 25 mar. 2025.

20. Não me amarra a dinheiro, não [pp. 123-31]

1. Ecio Costa, "Os ricos ficaram mais ricos", *Diário de Pernambuco*, 31 jul. 2023. Disponível em: <www.diariodepernambuco.com.br/colunas/ecnomiaemfoco/2023/07/os-ricos-ficaram-mais-ricos.html>. Acesso em: 25 mar. 2025.
2. Ruben George Oliven, "De olho no dinheiro nos Estados Unidos", *Estudos Históricos*, Rio de Janeiro, v. 1, n. 27, pp. 206-35, 2001.
3. Sérgio Buarque de Holanda, *Raízes do Brasil*. São Paulo: Companhia das Letras, 2005, pp. 87 e 77. [Rio de Janeiro: José Olympio, 1936.]

22. Medo [pp. 141-50]

1. Stéfanie Rigamonti, "Pessoas de baixa renda têm todo o direito de ocupar bairros nobres, diz CEO da Cury Construtora", *Folha de S.Paulo*, 29 mar. 2024. Disponível em: <www1.folha.uol.com.br/mercado/2024/03/pessoas-de-baixa-renda-tem-todo-direito-de-ocupar-bairros-nobres-diz-ceo-da-cury-construtora.shtml>. Acesso em: 25 mar. 2025.
2. James Cimino, "Moradores de Higienópolis se mobilizam contra estação de metrô", *Folha de S.Paulo*, 13 ago. 2010. Disponível em: <https://www1.folha.uol.com.br/fsp/cotidian/ff1308201011.htm>.
3. Sofia Cerqueira e Carla Knoplech, "O estigma da bola preta", *Veja Rio*, 5 jun. 2017. Disponível em: <vejario.abril.com.br/cidade/guilhermina-guinle-country-club-bola-preta-veto>. Acesso em: 25 mar. 2025.
4. Michel de Certeau, *A invenção do cotidiano: Artes de fazer*. Petrópolis: Vozes, 1984, p. 77.
5. Teresa Pires do Rio Caldeira, *Cidade de muros: Crime, segregação e cidadania em São Paulo*. São Paulo: Edusp, 2000, p. 28.

23. Finos [pp. 151-5]

1. Carolina Pulici, "Visões do gosto arquitetônico passadista: Problematizando o 'estilo neoclássico' de São Paulo em perspectiva internacional", *Anais do Museu Paulista*, São Paulo, v. 22, n. 1, pp. 219-48, 2014.
2. Danuza Leão, *Na sala com Danuza*. São Paulo: Companhia das Letras, 1992, p. 29.

24. Rinha de rico [pp. 156-61]

1. Silvia Naidin, "Jogo de fronteiras: Sobre a produção (bio)tecnológica de corporalidades femininas no Rio de Janeiro, Brasil", *Ciência & Saúde Coletiva*, São Paulo, v. 29, n. 2, e11532023, 2024. Disponível em: <scielosp.org/article/csc/2024.v29n2/e11532023/>. Acesso em: 4 fev. 2025.
2. Ibid.

25. Tempo rei [pp. 162-4]

1. Eric Hobsbawm e Terence Ranger (Orgs.), *A invenção das tradições*. Rio de Janeiro: Paz e Terra, 1984, p. 16.

26. Ponto de virada (o tempo dos emergentes) [pp. 165-78]

1. Roberto DaMatta, "Espaço — Casa, rua e outro mundo: O caso do Brasil". In: ____. *A casa & a rua: Espaço, cidadania, mulher e morte no Brasil*. Rio de Janeiro, Rocco, 1998, p. 8.
2. Christian Ingo Lenz Dunker, *Mal-estar, sofrimento e sintoma: Uma psicopatologia do Brasil entre muros*. São Paulo: Boitempo, 2015, p. 47.

27. Desde sempre (o tempo dos tradicionais) [pp. 179-95]

1. Cristina Patriota de Moura, *O Instituto Rio Branco e a diplomacia brasileira: Um estudo de carreira e socialização*. Rio de Janeiro: Editora FGV, 2007.
2. Daniel Miller, *Trecos, troços e coisas: Estudos antropológicos sobre a cultura material*. Rio de Janeiro: Zahar, 2013, p. 78.
3. Cesar Augusto Ferreira de Carvalho, *Coisas de família: Análise antropológica de processos de transmissão familiar*. Rio de Janeiro: UFRJ, 2005. Tese (Doutorado em Antropologia), p. 92.
4. Clóvis Bulcão, *Os Guinle: A história de uma dinastia*. Rio de Janeiro: Intrínseca, 2015, p. 57.
5. Nelson Rodrigues, "As confissões de Nelson Rodrigues, capítulo CCCXXXIX: 'E eis que o nosso passado está morrendo'", *O Globo*, 12 fev. 1969.
6. Filip Calixto, "Projeto de lei na Itália pode dificultar acesso à dupla cidadania: entenda", *Panrotas*, 25 abr. 2024. Disponível em: <www.panrotas.com.br/mercado/destinos/2024/04/projeto-de-lei-na-italia-pode-dificultar-acesso-a-dupla-cidadania-entenda_205098.html>. Acesso em: 25 mar. 2025.
7. Michele Oliveira, "Chegada do *La Sofia* com primeira grande leva de italianos completa 150 anos", *Folha de S.Paulo*, 16 fev. 2024. Disponível em: <www1.folha.uol.com.br/mundo/2024/02/chegada-do-la-sofia-com-primeira-grande-leva-de-italianos-completa-150-anos.shtml>. Acesso em: 26 mar. 2025.

29. O risco [pp. 202-6]

1. Marcelo Medeiros, *Os ricos e os pobres: O Brasil e a desigualdade*. São Paulo: Companhia das Letras, 2023, p. 109.

30. O litígio [pp. 207-11]

1. Joan Elizabeth DeJean, *O século do conforto: Quando os parisienses descobriram o casual e criaram o lar moderno*. Rio de Janeiro: Civilização Brasileira, 2012, p. 109.
2. Ibid., p. 28.
3. Danuza Leão, colunista social e referência de bons modos entre as elites, em 2011, lançou um livro com um só pedido: se livrem de toda e qualquer quinquilharia ou exagero. *É tudo tão simples*, dizia o título da obra (Rio de Janeiro: Agir, 2011).

Referências bibliográficas

AMORIM, Daniela. "1% mais rico da população ganha 32,5 vezes mais que a metade mais pobre". *O Estado de S. Paulo*, 11 maio 2023. Disponível em: <www.estadao.com.br/economia/1-mais-rico-325-vezes-metade-mais--pobre-ibge-nprei/>. Acesso em: 25 mar. 2025.

APPADURAI, Arjun. *Modernity at Large: Cultural Dimensions of Globalization*. Minneapolis: University of Minnesota Press, 1996.

_____. *A vida social das coisas*: As mercadorias sob uma perspectiva cultural. Niterói: EdUFF, 2008.

AZEVEDO, Marcelo; MARDEGAN JR., Elyseu. *O consumidor de baixa renda*: O consumo da nova classe média brasileira. Rio de Janeiro: Campus, 2009.

BARBOSA, Lívia. "O estudo do consumo nas ciências sociais contemporâneas". In: BARBOSA, Lívia; CAMPBELL, Colin (Orgs.). *Cultura, consumo e identidade*. Rio de Janeiro: Editora FGV, 2006. pp. 21-44.

BAUMAN, Zygmunt. *Modernidade líquida*. Rio de Janeiro: Zahar, 2001.

BERTÃO, Naiara Infante. "Por que malhar na academia no Brasil custa o triplo do que nos EUA?". Veja, 21 jun. 2014. Disponível em: <veja.abril.com.br/economia/por-que-malhar-na-academia-no-brasil-custa-o-triplo-do-que-nos-eua↗. Acesso em: 25 mar. 2025.

BOMENY, Helena. "Do frango ao avião ou o que é possível dizer sobre a nova classe média brasileira?: Notas exploratórias". Centro de Pesquisa e Documentação de História Contemporânea do Brasil. Rio de Janeiro: FGV, 2011.

BOURDIEU, Pierre. *Esquisse d'une théorie de la pratique: Précédé de "Trois* Études d'*ethnologie Kabyle"*. Paris: Librairie Droz, 1972.

_____. "Les Rites comme actes d'institution". *Actes de la Recherche en Sciences Sociales: Rites et Fétiches*. Paris, v. 43, pp. 58-63, jun. 1982.

_____. *Questões de sociologia*. Rio de Janeiro: Marco Zero, 1982.

_____. *Choses dites*. Paris: Les Éditions de Minuit, 1986.

_____. "Os usos do povo". In: _____. *Coisas ditas*. Brasília: Brasiliense, 1990. pp. 181-7.

BOURDIEU, Pierre. "A ilusão biográfica". In: FERREIRA, Marieta de Moraes.; AMADO, Janaina (Orgs.). *Usos e abusos da história oral*. Rio de Janeiro: Editora FGV, 1996. pp. 183-91.

_____. "Condição de classe e posição de classe". In: _____. *A economia das trocas simbólicas*. São Paulo: Perspectiva, 2004. pp. 3-26.

_____. *A distinção: Crítica social do julgamento*. São Paulo: Edusp; Porto Alegre: Zouk, 2007.

_____. *La nobleza de estado: Educación de elite y espíritu de cuerpo*. Buenos Aires: Siglo Veintiuno, 2013.

BRIDELLI, Stefano; CASTRO, Mariana. "Cresce a filantropia no Brasil, mas é só o início da jornada". *Valor Econômico*, 20 jul. 2023. Disponível em: <valor.globo.com/empresas/esg/artigo/cresce-a-filantropia-no-brasil-mas-e-so-o-inicio-da-jornada.ghtml/>. Acesso em: 25 mar. 2025.

BULCÃO, Clóvis. *Os Guinle: A história de uma dinastia*. Rio de Janeiro: Intrínseca, 2015.

CALDEIRA, Teresa Pires do Rio. *Cidade de muros: Crime, segregação e cidadania em São Paulo*. São Paulo: Edusp, 2000.

CALETRIO, Javier. "Global Elites, Privilege and Mobilities in Post-organized Capitalism". *Theory, Culture & Society*, Londres, v. 29, n. 2, pp. 135-49, 2012.

CALIXTO, Filip. "Projeto de lei na Itália pode dificultar acesso à dupla cidadania: entenda". *Panrotas*, 25 abr. 2024. Disponível em: <www.panrotas.com.br/mercado/destinos/2024/04/projeto-de-lei-na-italia-pode-dificultar-acesso-a-dupla-cidadania-entenda_205098.html>. Acesso em: 25 mar. 2025.

CARDOSO, Fernando Henrique. *Um intelectual na política: Memórias*. São Paulo: Companhia das Letras, 2021.

CARVALHO, Cesar Augusto Ferreira de. *Coisas de família: Análise antropológica de processos de transmissão familiar*. Rio de Janeiro: UFRJ, 2005. Tese (Doutorado em Antropologia).

CATTANI, Antonio David; KIELING, Francisco dos Santos. "A escolarização das classes abastadas". *Sociologias*. Porto Alegre, v. 18, pp. 170-87, 2007.

CERQUEIRA, Sofia; KNOPLECH, Carla. "O estigma da bola preta". *Veja Rio*, 5 jun. 2017. Disponível em: <vejario.abril.com.br/cidade/guilhermina-guinle-country-club-bola-preta-veto>. Acesso em: 25. mar. 2025.

CERTEAU, Michel. de. *A invenção do cotidiano: Artes de fazer*. Petrópolis: Vozes, 1984.

CEZIMBRA, Márcia; ORSINI, Elisabeth. *Os emergentes da Barra*. Rio de Janeiro: Relume Dumará, 1996.

CIMINO, James. "Moradores de Higienópolis se mobilizam contra estação de metrô". Folha de S.Paulo, 13 ago. 2010. Disponível em: <www1.folha.uol.com.br/fsp/cotidian/ff1308201011.htm>.

CLARKE, Alison J. "The Aesthetics of Social Aspiration". In: MILLER, Daniel (Org.). *Home Possessions*. Oxford: Berg Publishers, 2001. pp. 23-45.

COSTA, Ecio. "Os ricos ficaram mais ricos". *Diário de Pernambuco*, 31 jul. 2023. Disponível em: <www.diariodepernambuco.com.br/colunas/ecnomiaemfoco/2023/07/os-ricos-ficaram-mais-ricos.html>. Acesso em: 25 mar. 2025.

COULANGEON, Philippe. "Classes sociales, pratiques culturelles et style de vie: Le Modèle de la distinction est-il (vraiment) obsolète?". *Sociologie et Sociétés*. Montreal, v. 36, n. 1, pp. 59-85, 2004.

DAMATTA, Roberto. "Espaço — Casa, rua e outro mundo: O caso do Brasil". In: _____. *A casa & a rua: Espaço, cidadania, mulher e morte no Brasil*. Rio de Janeiro, Rocco, 1998.

DEJEAN, Joan Elizabeth. *O século do conforto: Quando os parisienses descobriram o casual e criaram o lar moderno*. Rio de Janeiro: Civilização Brasileira, 2012.

DERRIDA, Jacques. "A diferença". In: _____. *Margens da filosofia*. Porto: Rés, 1991. pp. 27-69.

"DESIGUALDADE de renda no Brasil: Os 10% mais ricos e a metade mais pobre. Entrevista especial com Marcelo Medeiros". *Instituto Humanitas Unisinos*, 1 out. 2014. Disponível em: <www.ihu.unisinos.br/entrevistas/535734-desigualdade-de-renda-no-brasil-os-10-mais-ricos-e-a-metade-mais-pobre-entrevista-especial-com-marcelo-medeiros>. Acesso em: 25. mar. 2025.

DINIZ, Claudio. *O mercado do luxo no Brasil: Tendências e oportunidades*. São Paulo: Seoman, 2012.

DUNKER, Christian Ingo Lenz. *Mal-estar, sofrimento e sintoma: Uma psicopatologia do Brasil entre muros*. São Paulo: Boitempo, 2015.

DURHAM, Eunice. "A pesquisa antropológica com populações urbanas: Problemas e perspectivas". In: CARDOSO, Ruth (Org.). *A aventura antropológica: Teoria e pesquisa*. Rio de Janeiro: Paz e Terra, 1986. pp. 17-37.

ELIAS, Norbert. *O processo civilizador, volume 1: Uma história dos costumes*. Rio de Janeiro: Jorge Zahar, 1994.

ELIAS, Norbert; SCOTSON, John L. *Os estabelecidos e os outsiders: Sociologia das relações de poder a partir de uma pequena comunidade*. Rio de Janeiro: Jorge Zahar Editor, 2000.

EVANS-PRITCHARD, Edward E. *Antropologia social*. Lisboa: Edições 70, 1985.

FAORO, Raymundo. *Os donos do poder: Formação do patronato político brasileiro*. São Paulo: Globo, 1958.

FAVRET-SAADA, Jeanne. *Les Mots, la mort, les sorts: La Sorcellerie dans le Bocage*. Paris: Gallimard, 1977.

_____. "*Être Affecté*". *Revue d'Histoire et d'Archives de l'Anthropologie*. Paris, v. 8, pp. 3-9, 1990.

FELTRAN, Gabriel S. "A categoria como intervalo: A diferença entre essência e desconstrução". *Cadernos Pagu*. Campinas, n. 51, e175105, 2017.

FERNANDES, Florestan. *A revolução burguesa no Brasil: Ensaio de interpretação sociológica*. Rio de Janeiro: Zahar, 1975.

FRAGOSO, João; BICALHO, Maria Fernanda; GOUVÊA, Maria de Fátima (Orgs.). *O Antigo Regime nos trópicos: A dinâmica imperial portuguesa (séculos XVI-XVIII)*. São Paulo: Record, 2001.

GEERTZ, Clifford. "'Do ponto de vista dos nativos': A natureza do entendimento antropológico". In: _____. *O saber local: Novos ensaios em antropologia interpretativa*. Petrópolis: Vozes, 2002. pp. 95-107.

GELL, Alfred. *Art And Agency: An Anthropological Theory*. Oxford: Oxford University Press, 1998.

_____. *A antropologia do tempo: Construções culturais de mapas e imagens temporais*. Petrópolis: Vozes, 2014.

GOFFMAN, Erving. "Symbols of Class Status". *The British Journal of Sociology*. Londres, v. 2, n. 4, pp. 294-304, dez. 1951.

GOLDMAN, Marcio. "Os tambores dos mortos e os tambores dos vivos: Etnografia, antropologia e política em Ilhéus, Bahia". *Revista de Antropologia*. São Paulo, v. 46, n. 2, pp. 445-76, 2003.

_____. "Jeanne Favret-Saada, os afetos, a etnografia". *Cadernos de Campo*, São Paulo, v. 13, n. 13, pp. 149-53, 2005.

GRANGE, Cyril. "Les Gens du Bottin Mondain, 1903-1987: Y être c'est en être". *Annales: Histoire, Sciences Sociales*. Paris, v. 54, n. 6, pp. 1409-10, 1999.

GRYNSZPAN, Mario. *Ciência, política e trajetórias sociais: Uma sociologia histórica da teoria das elites*. Rio de Janeiro: Editora FGV, 1999.

GUSTERSON, Hugh. "Studying Up Revisited". *Political and Legal Anthropology Review*. Pittsburgh, v. 20, n. 1, pp. 114-9, maio 1997.

HALBWACHS, Maurice. *Les Cadres sociaux de la mémoire*. Paris: Félix Alcan, 1925.

HARVEY, David. *O neoliberalismo: História e implicações*. São Paulo: Loyola, 2008.

HOBSBAWM, Eric; RANGER, Terence (Orgs.). *A invenção das tradições*. Rio de Janeiro: Paz e Terra, 1984.

HOLANDA, Sérgio Buarque de. *Raízes do Brasil*. São Paulo: Companhia das Letras, 2005. [Rio de Janeiro: José Olympio, 1936.]

HOLLANDA, Cristina Buarque de. *Teoria das elites*. Rio de Janeiro: Zahar, 2011.

INGOLD, Tim. "Trazendo as coisas de volta à vida: Emaranhados criativos num mundo de materiais". *Horizontes Antropológicos*. Porto Alegre, v. 18, n. 37, pp. 25-44, jan.-jun. 2002.

KASTNER, Tássia. "A disparidade de renda entre o 1% mais rico". *Você S/A*, 10 nov. 2023. Disponível em: <vocesa.abril.com.br/sociedade/a-disparidade-de-renda-entre-o-1-mais-rico>. Acesso em: 25 mar. 2025.

LAMONT, Michèle; FOURNIER, Marcel (Orgs.). *Cultivating Differences: Symbolic Boundaries and the Making of Inequality*. Chicago: University of Chicago Press, 1992.

LATOUR, Bruno. *Jamais fomos modernos: Ensaio de antropologia simétrica*. Rio de Janeiro: Ed. 34, 1994.

LE WITTA, Béatrix. *Ni Vue Ni Connue: Approche ethnographique de la culture bourgeoise*. Paris: Les Éditions de la MSH, 1988.

LEÃO, Danuza. *Na sala com Danuza*. São Paulo: Companhia das Letras, 1992.

_____. *É tudo tão simples*. Rio de Janeiro: Agir, 2011.

LEENHARDT, Maurice. *Documents néo-calédoniens*. Paris: Institut d'Ethnologie, 1932.

LEITÃO, Débora Krische; MACHADO, Rosana Pinheiro. "O luxo do povo e o povo do luxo: Consumo e valor em diferentes esferas sociais no Brasil". In: LEITÃO, Débora Krische; LIMA, Diana Nogueira de Oliveira; MACHADO, Rosana Pinheiro (Orgs.). *Antropologia & consumo: Diálogos entre Brasil e Argentina*. Porto Alegre: AGE, 2006. pp. 23-46.

LIMA, Diana Nogueira de Oliveira. "Ethos emergente: Notas etnográficas sobre o 'sucesso'". *Revista Brasileira de Ciências Sociais*. São Paulo, v. 22, n. 65, pp. 73-83, 2007.

_____. *Sujeitos e objetos do "sucesso": Uma antropologia do Brasil emergente*. Rio de Janeiro: Garamond, 2008.

MALINOWSKI, Bronislaw. *Argonautas do Pacífico Ocidental: Um relato do empreendimento e da aventura dos nativos nos arquipélagos da Nova Guiné Melanésia*. São Paulo: Abril Cultural, 1976.

MARCUS, George E. *Elites: Ethnographic Issues*. Albuquerque: University of New Mexico Press, 1983.

_____. "Ethnography in/of the World System: The Emergence of Multi-Sited Ethnography". *Annual Review of Anthropology*. Palo Alto, v. 24, pp. 95-117, out. 1995.

MARTELLO, Alexandro. "Gasto de brasileiros no exterior soma US$ 25 bilhões em 2014, novo recorde". *G1*, 23 jan. 2015. Disponível em: <g1.globo.com/economia/seu-dinheiro/noticia/2015/01/gasto-de-brasileiros-exterior-somam-us-25-bilhoes-em-2014-novo-recorde.html>. Acesso em: 25 mar. 2025.

MARX, Karl. *Karl Marx*. São Paulo: Abril Cultural, 1978. (Os Pensadores.)

_____. *O capital: Crítica da economia política*. v. I. São Paulo: Abril Cultural, 1983.

MAUSS, Marcel; DURKHEIM, Émile. "Algumas formas primitivas de classificação: Contribuição para o estudo das representações coletivas (1903)". In: MAUSS, Marcel. *Ensaios de sociologia*. São Paulo: Perspectiva, 1999. pp. 399-455.

MCCRACKEN, Grant D. *Cultura & consumo: Novas abordagens ao caráter simbólico dos bens e das atividades de consumo*. Rio de Janeiro: Mauad, 2003.

MCCRACKEN, Grant D. *Culture and Consumption II: Markets, Meaning, and Brand Management*. Bloomington: Indiana University Press, 2005.

MEDEIROS, Marcelo. *O que faz os ricos ricos: O outro lado da desigualdade brasileira*. São Paulo: Hucitec, 2005.

_____. *Os ricos e os pobres: O Brasil e a desigualdade*. São Paulo: Companhia das Letras, 2023.

MICELLI, Sergio. *Imagens negociadas: Retratos da elite brasileira*. São Paulo: Companhia das Letras, 1996.

MILLER, Daniel. *Material Culture and Mass Consumption*. Oxford: Basil Blackwell, 1987.

_____. *A Theory of Shopping*. Nova York: Cornell University Press, 1998.

_____. *Stuff*. Cambridge: Polity, 2010.

_____. *Trecos, troços e coisas: Estudos antropológicos sobre a cultura material*. Rio de Janeiro: Zahar, 2013.

MILLS, Charles Wright. *A elite do poder*. Rio de Janeiro: Zahar Editores, 1981.

_____. *White Collar: The American Middle Classes*. Oxford: Oxford University Press, 2002.

MORSE, Richard M. *O espelho de Próspero: Cultura e ideias nas Américas*. São Paulo: Companhia das Letras, 1988.

MOURA, Cristina Patriota de. *O Instituto Rio Branco e a diplomacia brasileira: Um estudo de carreira e socialização*. Rio de Janeiro: Editora FGV, 2007.

NADER, Laura. "Up the Anthropologist: Perspectives Gained from Studying Up". In: HYMES, Dell (Org.). *Reinventing Anthropology*. Nova York: Random House, 1972. pp. 284-311.

NAIDIN, Silvia. "Jogo de fronteiras: Sobre a produção (bio)tecnológica de corporalidades femininas no Rio de Janeiro, Brasil". *Ciência & Saúde Coletiva*. São Paulo, v. 29, n. 2, e11532023, 2024. Disponível em: <scielosp.org/article/csc/2024.v29n2/e11532023/>. Acesso em: 4 fev. 2025.

NORA, Pierre (Org.). *Les Lieux de mémoire*. Paris: Gallimard, 1997.

O'DOUGHERTY, Maureeen. *Consumption Intensified: The Politics of Middle--Class Daily Life in Brazil*. Durham: Duke University Press Books, 2002.

OLIVEIRA, Michele. "Chegada do *La Sofia* com primeira grande leva de italianos completa 150 anos". *Folha de S.Paulo*, 16 fev. 2024. Disponível em: <www1.folha.uol.com.br/mundo/2024/02/chegada-do-la-sofia-com-primeira-grande-leva-de-italianos-completa-150-anos.shtml>. Acesso em: 26 mar. 2025.

OLIVEN, Ruben George. "De olho no dinheiro nos Estados Unidos". *Estudos Históricos*. Rio de Janeiro, v. 1, n. 27, pp. 206-35, 2001.

ORTNER, S. Bherry. "Access: Reflections on Studying Up in Hollywood". *Ethnography*. Nova York, v. 11, n. 2, pp. 211-33, jun. 2010.

OXFAM BRASIL. *Nós e as desigualdades: Pesquisa Oxfam Brasil/Datafolha: Percepções sobre as desigualdades no Brasil*. set. 2022. Disponível em: <www.

oxfam.org.br/wpcontent/uploads/dlm_uploads/2022/09/LO_relatorio_nos_e_as_desigualdade_datafolha_2022_vso2.pdf>. Acesso em: 25 mar. 2025.

PADRÃO, Márcio. "Magazine Luiza obtém R$ 56 bilhões em vendas e cresce 28% em 2021". *Canaltech*, 15 mar. 2022. Disponível em: <canaltech.com.br/amp/resultados-financeiros/magazine-luiza-obtem-r-56-bilhoes-em-vendas-e-cresce-28-em-2021-211530/>. Acesso em: 25 mar. 2025.

PEIRCE, Charles Sanders. *The Essential Peirce: Selected Philosophical Writings, Volume 1 (1867-1893)*. Bloomington: Indiana University Press, 1992.

_____. *Semiótica e filosofia*. São Paulo: Cultrix, 2005.

PINÇON, Michel; PINÇON-CHARLOT, Monique. *Voyage en Grande Bourgeoisie: Journal d'enquête*. Paris: Presses Universitaires de France, 1997.

_____. *Sociologie de la bourgeoisie*. Paris: La Découverte, 2002.

_____. *"Entre-soi ou mixité sociale?"*. *Paris Projet*. Paris, n. 34-35, pp. 112-7, 2003.

_____. "Sociologia da alta burguesia". *Sociologias*. Porto Alegre, n. 18, pp. 22-37, jul.-dez. 2007.

_____. *Les Ghettos du gotha: Au Cœur de la grande bourgeoisie*. Paris: Seuil, 2007.

_____. *Les Millionnaires de la chance: Rêve et réalité*. Paris: Payot, 2010.

PISCITELLI, Adriana G. *Joias de família: Gênero e parentesco em histórias sobre grupos empresariais brasileiros*. Rio de Janeiro: Editora UFRJ, 2006.

PRECIADO, Paul. B. *Pornotopia: An Essay on Playboy's Architecture and Biopolitics*. Nova York: Zone Books, 2014. [Ed. bras.: *Pornotopia: Um ensaio sobre a arquitetura e a biopolítica da Playboy*. Trad. de Denise Bottmann. São Paulo: Zahar, 2025.]

PULICI, Carolina Martins. *O charme (in)discreto do gosto burguês paulista: Estudo sociológico da distinção social em São Paulo*. São Paulo: USP, 2010. Tese (Doutorado em Sociologia).

_____. "Visões do gosto arquitetônico passadista: Problematizando o 'estilo neoclássico' de São Paulo em perspectiva internacional". *Anais do Museu Paulista*. São Paulo, v. 22, n. 1, pp. 219-48, 2014.

RACANICCI, Jamile; SANT'ANA, Jéssica. "Reforma tributária: Guedes reclama de pressão contra taxação dos dividendos". *G1*, 9 jul. 2021. Disponível em: <g1.globo.com/economia/noticia/2021/07/09/reforma-tributaria-guedes-reclama-de-pressao-contra-taxacao-dos-dividendos.ghtml/>. Acesso em: 25 mar. 2025.

RAMOS, Thais Henriques. *Jovens, festas e luxo: Uma etnografia de um circuito de lazer de elite em Florianópolis/SC*. Curitiba: UFPR, 2014. Dissertação (Mestrado em Antropologia).

REIS, Elisa P. "Perceptions of Poverty and Inequality Among Brazilian Elites". In: REIS, Elisa P.; MOORE, Mick (Orgs.). *Elite Perceptions of Poverty and Inequality*. Londres: Zed Books, 2005. pp. 26-56. [Ed. bras.: "Percepções da elite sobre pobreza e desigualdade". *Revista Brasileira de Ciências Sociais*. São Paulo, v. 14, n. 42, pp. 143-52, fev. 2000.]

RICOEUR, Paul. *Percurso do reconhecimento*. São Paulo: Loyola, 2006.

RIGAMONTI, Stéfanie. "Pessoas de baixa renda têm todo o direito de ocupar bairros nobres, diz CEO da Cury Construtora". *Folha de S.Paulo*, 29 mar. 2024. Disponível em: <www1.folha.uol.com.br/mercado/2024/03/pessoas-de-baixa-renda-tem-todo-direito-de-ocupar-bairros-nobres-diz-ceo-da-cury-construtora.shtml>. Acesso em: 25 mar. 2025.

RODRIGUES, Nelson Rodrigues. "As confissões de Nelson Rodrigues, capítulo CCCXXXIX: 'E eis que o nosso passado está morrendo'". *O Globo*, 12 fev. 1969.

SAHLINS, Marshall. *Cultura e razão prática*. Rio de Janeiro: Zahar, 2003.

SALATA, André Ricardo. "Quem é classe média no Brasil?: Um estudo sobre identidades de classe". *Dados: Revista de Ciências Sociais*. Rio de Janeiro, v. 58, n. 1, pp. 111-49, 2015.

_____. "Transformações sociais: Nova classe média ou nova classe trabalhadora?". In: RIBEIRO, Luiz Cesar de Queiroz (Org.). *Rio de Janeiro: Transformações na ordem urbana*. Rio de Janeiro: Letra Capital, 2015. pp. 110-30.

_____; SCALON, Celi. "Do meio à classe média: Como a 'nova classe média' e a 'classe média tradicional' percebem sua posição social?". *Revista Ciências Sociais Unisinos*. Brasília, v. 51, pp. 375-86, 2015.

SEGATO, Rita Laura. *Crítica da colonialidade em oito ensaios: E uma antropologia por demanda*. Rio de Janeiro: Bazar do Tempo, 2021.

SCALON, Celi. "Justiça como igualdade?: A percepção da elite e do povo brasileiro". *Sociologias*. Porto Alegre, v. 9, n. 18, pp. 126-49, 2007.

_____. "Estrutura social e mobilidade: Uma análise da década de 90". In: _____. *Ensaios de estratificação*. Belo Horizonte: ARGVMETVM, 2008. pp. 21-69.

_____. "Uma nova classe média no Brasil da última década?: O debate a partir da perspectiva sociológica". *Sociedade e Estado*. Brasília, v. 27, n. 2, pp. 387-407, ago. 2012.

SCHOECK, Helmut. *Envy: A Theory of Social Behaviour*. Nova York: Harcourt, Brace & World, 1969.

SILBER, Simão. *Mudanças estruturais na economia brasileira (1988-2002): Abertura, estabilização e crescimento*. São Paulo: USP, 2002.

SIMMEL, Georg. "The Problem of Sociology". *The American Journal of Sociology*. Chicago, v. 15, n. 3, pp. 289-320, 1909.

_____. "Fashion". *The American Journal of Sociology*. Chicago, v. 62, pp. 541-58, maio 1957.

_____. *Psicologia do dinheiro e outros ensaios*. Lisboa: Texto & Grafia, 2002.

_____. "O avarento e o esbanjador". *Revista Política & Trabalho*. João Pessoa, n. 27-30, 2009.

SIMMEL, Georg. *On Individuality and Social Forms*. Chicago: University of Chicago Press, 2011.

SOUZA, Amaury; LAMOUNIER, Bolívar. *A classe média brasileira*. São Paulo: Campus, 2010.

SOUZA, Jessé de. *Os batalhadores brasileiros: Nova classe média ou nova classe trabalhadora?* Belo Horizonte: Editora UFMG, 2010.

SOUZA, Pedro H. G. Ferreira de. *Uma história de desigualdade: A concentração de renda entre os ricos no Brasil (1926-2013)*. São Paulo: Hucitec, 2018.

SOUZA, Rolf Malungo de. *O lazer agonístico: Como se aprender o que significa ser homem num bar de um bairro suburbano*. Niterói: UFF, 2010. Tese (Doutorado em Antropologia).

TAMBIAH, Stanley J. "Múltiplos ordenamentos de realidade: O debate iniciado por Lévy-Bruhl". *Cadernos de Campo*. São Paulo, v. 22, n. 22, pp. 193-220, 2013.

TAUSSIG, Michael T. *Defacement: Public Secrecy and the Labor of the Negative*. Stanford: Stanford University Press, 1999.

TAVOLARI, Bianca. "Segregação urbana em São Paulo: 25 anos depois de 'Enclaves Fortificados', de Teresa Caldeira". *Novos Estudos Cebrap*. São Paulo, v. 40, n. 1, pp. 35-56, 2021. Disponível em: <www.scielo.br/j/nec/a/nBHG9pJCFL57BJwFqsPfdNQ>. Acesso em: 4 fev. 2025.

VEBLEN, Thorstein. *A teoria da classe ociosa: Um estudo econômico das instituições*. São Paulo: Abril Cultural, 1983.

_____. *The Instinct of Workmanship*. Routhedge: Thoemmes Press, 1994.

VELHO, Gilberto. "Observando o familiar". In: NUNES, Edson de O. (Orgs.). *A aventura sociológica: Objetividade, paixão, improviso e método na pesquisa social*. Rio de Janeiro: Zahar, 1978. pp. 121-32.

_____. *Projeto e metamorfose: Antropologia das sociedades complexas*. Rio de Janeiro: Jorge Zahar, 1994.

_____. *Nobres e anjos: Um estudo de tóxicos e hierarquia*. Rio de Janeiro: Editora FGV, 1998.

_____. "Biografia, trajetória e mediação". In: KUSCHNIR, Karina; VELHO, Gilberto. *Mediação, cultura e política*. Rio de Janeiro: Aeroplano, 2001. pp. 15-28.

_____. *Individualismo e cultura: Notas para uma antropologia da sociedade contemporânea*. Rio de Janeiro: Zahar, 2004.

WEBER, Max. *A ética protestante e o "espírito" do capitalismo*. São Paulo: Companhia das Letras, 2004.

WHYTE, William Foote. *Sociedade de esquina*. Rio de Janeiro: Jorge Zahar, 1943.

© Michel Alcoforado, 2025

Todos os direitos desta edição reservados à Todavia.

Grafia atualizada segundo o Acordo Ortográfico da Língua Portuguesa de 1990, que entrou em vigor no Brasil em 2009.

capa
Cristina Gu
foto de capa
VvoeVale/ iStock
composição
Jussara Fino
preparação
Gabriela Marques Rocha
checagem
Érico Melo
revisão
Paola Sabbag Caputo
Karina Okamoto

6ª reimpressão, 2025

Dados Internacionais de Catalogação na Publicação (CIP)

Alcoforado, Michel (1986-)
  Coisa de rico : A vida dos endinheirados brasileiros / Michel Alcoforado. — 1. ed. — São Paulo : Todavia, 2025.

ISBN 978-65-5692-858-6

1. Literatura brasileira. 2. Ensaio. 3. Não ficção. 4. Antropologia do luxo. 5. Riqueza - classe social. I. Título.

CDD B869.4

Índice para catálogo sistemático:
1. Literatura brasileira : Ensaio B869.4

Bruna Heller — Bibliotecária — CRB 10/2348

todavia
Rua Fidalga, 826
05432.000 São Paulo SP
T. 55 11 3094 0500
www.todavialivros.com.br

fonte
Register*
papel
Pólen natural 80 g/m²
impressão
Geográfica